Itinéraire d'un DRH gâté

Éditions Eyrolles
61, bd Saint-Germain
75240 Paris Cedex 05

www.editions-eyrolles.com

© Groupe Eyrolles, 2013
ISBN : 978-2-212-55772-5

Jean-Luc Vergne

Itinéraire d'un DRH gâté

EYROLLES

À ma mère, à mon père trop tôt disparu
À mes filles, à ma compagne
À tous mes proches, qui m'ont aidé à me construire,
en tant qu'homme et en tant que DRH

*Ce livre a bénéficié de la collaboration
de Cyril Merle / agence La Machine à Écrire*

Table des matières

CHAPITRE 3

LE MANAGEMENT, SES MÉTHODES ET SES DÉRIVES

Les structures, les hommes, le travail, le capital :

CHAPITRE 4

MES PATRONS, MES COLLÈGUES ET MES COLLABORATEURS

CHAPITRE 5

DES RIRES ET DES LARMES

Un florilège de choses vues et vécues, petites et grandes,

CHAPITRE 6

LA GOUVERNANCE : Y A-T-IL UN MODÈLE IDÉAL ?

CHAPITRE 7

PLAIDOYER POUR L'INDUSTRIE

CHAPITRE 8

MON ENGAGEMENT POUR L'ÉGALITÉ DES CHANCES

CHAPITRE 9

RISQUES PSYCHOSOCIAUX, STRESS AU TRAVAIL : LES MAUX DU SIÈCLE

CHAPITRE 10

RESSOURCES HUMAINES ET COMPÉTITIVITÉ

CHAPITRE 11

RESSOURCES HUMAINES ET CHANGEMENT(S)

CHAPITRE 12

MES RESPIRATIONS…

CHAPITRE 13

DES MOTS SUR LES MAUX… D'AUJOURD'HUI ET DE TOUJOURS

EN GUISE DE CONCLUSION

Introduction

Encore un livre de dirigeant, se diront certains, et ils n'auront pas tout à fait tort ! Comme d'autres avant moi, c'est un mélange de bonnes et de mauvaises raisons qui m'ont poussé à « commettre » ce livre de souvenirs, d'expériences, d'observations et de réflexions, qui n'est ni un traité de management, ni un livre de recettes ni une biographie. J'ai longuement hésité avant de me lancer dans l'écriture de ce livre. Pour dire vrai, j'ai répondu positivement à une sollicitation. Comme certains, j'y ai vu une sorte de narcissisme. Parler avec des « moi », avec des « je ». Comme d'autres, j'ai pensé à une psychanalyse. Il doit bien y avoir un peu de tout ça…

Au chapitre des bonnes raisons, je tenais à témoigner en faveur du métier que j'ai exercé pendant 43 ans : j'ai été très heureux d'être directeur des ressources humaines, c'est un beau métier, malheureusement trop souvent caricaturé, voire vilipendé. J'entends, je lis, que les DRH stressent, « secoués, perturbés, par les restructurations, les réductions d'effectifs à mener, et souvent inquiets pour leur propre avenir ». Je suis l'un des dirigeants qui, en 40 ans, a mené le plus de fusions, restructurations, fermetures d'usine (PSE, dans la pharmacie, la chimie, l'automobile). Je n'en tire pas de gloire, car je ne l'ai jamais fait de gaieté de cœur, ayant bien conscience qu'il s'agissait toujours, *in fine*, de destruction d'emplois. Mais je ne cherche pas à me justifier, ni à me faire « absoudre » d'une manière ou d'une autre, car j'ai toujours mené ces opérations en m'engageant totalement pour permettre à chaque personne concernée de retrouver une activité, de mener à bien un projet personnel, de bénéficier si possible de l'escalier social… une métaphore que je trouve plus juste que celle de l'ascenseur.

Cela nous mène à la deuxième « bonne » raison qui m'a poussé à écrire ce livre : tout au long de ma carrière, je me suis exprimé, j'ai porté haut mes convictions, j'ai ferraillé avec les syndicats et les dirigeants, et cela ne m'a pas nui, bien au contraire ! Le DRH est souvent vu comme un simple messager, sans réel pouvoir, et qui entérine les décisions des autres : rien n'est plus faux, chacun peut − et doit − s'affirmer et agir en fonction de ses convictions, de ce qui lui semble juste. J'ai été un acteur engagé dans mes fonctions et dans les entreprises que j'ai servies. Cela m'a permis de réussir ma vie, ce qui pour moi est le plus important, mais aussi de réussir dans la vie, ce qui n'est pas à rejeter pour quelqu'un d'origine modeste.

Avec ce livre, au-delà du témoignage, je souhaite rendre également hommage à toutes celles et tous ceux qui ont compté tout au long de ma vie professionnelle. J'ai été un opérationnel, toujours prêt à m'impliquer, à aller en première ligne, à résister à la pression, mais je n'aurais jamais réussi seul. C'est pour cela que je mentionne tous ceux qui m'ont accompagné, même si cela peut sembler parfois fastidieux au lecteur.

Si je mets quelques petits coups de canif, si je mets « des mots sur des maux », je ne suis pas pour autant dans la vindicte ni la vitupération : je ne me livre donc à aucune attaque *ad hominem*, qui serait ici stérile et hors de propos. J'ai eu de belles rencontres, j'en ai eu de moins belles, et j'ai décidé de ne pas m'appesantir sur ces dernières.

Ce livre est aussi un témoignage à destination de ceux, plus jeunes, qui souhaiteraient embrasser les beaux métiers des ressources humaines. À l'heure où certains s'inquiètent de voir disparaître les enseignements de ressources humaines dans les grandes écoles de management, je tenais à témoigner en faveur de nos métiers, et également, par ce livre, à rappeler une vérité fondamentale : dans « ressources humaines », c'est l'homme qu'il faut voir, dans toute sa richesse et sa complexité, quels que soient son poste et son rôle, et non pas l'aspect ressources quantifiables ou variables d'ajustement ! Ce livre, c'est mon engagement en faveur d'un métier qui m'a permis de me réaliser, d'avoir beaucoup de joies, de plaisirs de réussites, d'honneurs, mais aussi de périodes plus difficiles, souvent dures à vivre. Après tout, c'est cela la vie !

Enfin, un dernier mot pour expliquer ce titre, qui est bien évidemment un clin d'œil au film de Claude Lelouch, *Itinéraire d'un enfant gâté*, fresque sur cinquante ans de la vie d'un homme. Ce livre, qui retrace ma carrière de DRH, est également empreint de rires, de larmes et d'émotions, même si le parallèle peut sembler hasardeux et que les milieux que j'ai fréquentés n'étaient pas exactement des mondes de saltimbanques (quoique…). Et, dans ce clin d'œil, c'est l'idée d'un itinéraire qui m'a plu : j'ai été un DRH gâté, j'ai eu un peu de chance, notamment dans les rencontres déterminantes que j'ai pu faire, et dans le fait que j'ai pu servir quatre entreprises emblématiques. Mais je n'ai certainement pas été, à l'origine, un enfant gâté… même si je n'ai manqué de rien, et surtout pas de soutien et d'affection de la part de mes parents.

Cependant, comme Sam Lion, bien que fort convenablement pourvu d'honneurs, et entouré d'affection, j'ai entendu la petite voix lasse qui m'a susurré de tout arrêter, et de ne pas faire le match de trop. C'est ainsi qu'à 63 ans, j'ai quitté toute activité et ai pu enfin me consacrer à ma famille, à moi-même, aux sports et aux voyages…

Jean-Luc Vergne

Avant-propos du premier lecteur

La première fois que je rencontrai Jean-Luc Vergne, à ma grande surprise, il était barbu, alors que les photographies que j'avais pu voir auparavant montraient un homme glabre, souriant et en costume cravate. Dès que nous avons commencé à parler, deuxième surprise : malgré 40 ans passés dans les sièges de grandes entreprises – donc par définition à Paris, dans notre pays jacobin –, il avait gardé intact son accent méridional. La conjonction des deux – la barbe ainsi que l'accent gascon – avec quelque chose de bourbonien dans le profil, lui donnaient l'air d'un corsaire rangé des trois-mâts, rentré à quai pour profiter d'une retraite bien méritée, après une carrière passée à bord des plus grands vaisseaux de la Royale. Jusqu'ici, on peut d'ailleurs filer la métaphore, puisque pendant presque quatre décennies, Jean-Luc Vergne a été DRH à bord de quatre fleurons de l'économie française : Sanofi, Elf Aquitaine, PSA Peugeot Citroën et BPCE. La comparaison s'arrête ensuite, car le métier de DRH n'a que peu de lien avec la profession de corsaire, même si la conduite de l'équipage est importante dans les deux cas.

Ensuite, au cours de la conversation, nous apprîmes qu'il n'avait porté la barbe que deux fois au cours de sa vie : en Mai 68, alors, que « comme tout le monde, [il] faisait la révolution », et donc jeune retraité en 2012. Et, entre ces deux parenthèses, c'est toute une carrière de directeur des ressources humaines qui s'est déroulée dans quatre grands groupes, des années 1970 jusqu'aux années 2010. Soit quarante ans d'histoire, de mutations et de pratiques des relations sociales, de la première crise pétrolière marquant la fin des Trente Glorieuses et du plein emploi jusqu'à la crise post-2008, avec plus de trois millions de chômeurs en France, et 25 % de chômage chez les jeunes de moins de 25 ans. Comment le DRH analyse-t-il ces évolutions ? Quels souvenirs garde-t-il ? Quelles différences entre le barbu de Mai 68 et celui de janvier 2013 ? Que s'est-il transmis, et que peut-il transmettre ? Tournez la page !

Cyril Merle

Chapitre 1

Comment et pourquoi j'ai aimé mon métier

It's a dirty job, but someone's got to do it!

Au risque de surprendre, je peux bien l'avouer : j'ai apprécié chaque jour de mon métier de directeur du personnel, puis des ressources humaines, que j'ai exercé pendant 35 ans, sur 43 ans d'activité professionnelle. Je l'ai vu évoluer, et j'ai vécu 35 années passionnantes.

Ce métier, tel que je l'ai pratiqué, est un métier de passion. On travaille au quotidien pour, par et avec les femmes et les hommes, et cela ne peut se concevoir sans amour et confiance en l'humain, souvent contradictoire, toujours ambigu, parfois étrange et si peu quantifiable. On est au quotidien en prise directe avec les hommes et les femmes, au cœur de l'entreprise, et face à autant d'histoires personnelles et de situations imprévisibles. On ne connaît qu'une partie de la personne que l'on a en face de soi, celle que l'on veut bien nous montrer, et on ne peut jamais savoir quelle action entraînera quelle réaction.

Bien évidemment, il y a eu des moments difficiles, j'ai été confronté à une vague de suicides, j'ai dû annoncer des fermetures d'usines seul, debout sur un bidon face à 300 salariés, j'ai dû procéder à des réductions d'emploi ou à des licenciements… Chacun peut avoir ses difficultés personnelles ou familiales, chacun peut réagir différemment face à chaque situation. Ainsi que j'avais l'habitude de le résumer de manière caricaturale (mais pas tant que ça !), « lorsque je remonte les bretelles à un collaborateur, et qu'il le prend bien, c'est du management. Lorsqu'il le prend mal, c'est du harcèlement ! ». Bien sûr, il s'agit là d'une plaisanterie, et j'ai pris la problématique des risques psychosociaux très au sérieux lorsque j'ai été confronté à une série d'événements tragiques chez PSA, en 2007. Nous aurons d'ailleurs l'occasion d'en parler plus tard dans ce livre.

Cela dit, la dimension interpersonnelle est bien l'aspect le plus passionnant, mais aussi le plus difficile de notre métier. Et elle se démultiplie lorsque l'on doit faire face à des réactions de groupe, qui ne sont en rien la somme des réactions individuelles rassemblées dans ce que l'on appelle « le corps social » : ici aussi, il faut faire preuve de diplomatie, d'empathie, de fermeté, bref, de contact et d'humanité… Lorsque vous êtes comptable, vous maniez des chiffres ; lorsque vous êtes DRH, votre travail, c'est de gérer les hommes et les femmes, et il est plus difficile de laisser ses préoccupations au bureau, le soir.

Mais il y a également des succès, et des moments de bonheur : lorsque par exemple l'on réussit une négociation avec (et pas nécessairement contre !) les syndicats, lorsque l'un des collaborateurs que l'on a repéré, orienté ou conseillé, réussit une brillante carrière, ou bien, dans mon parcours personnel, lorsque je suis parvenu à faire attribuer des actions gratuites aux salariés d'Elf Aquitaine lors de la privatisation, lorsque j'ai signé, chez PSA Peugeot Citroën, les accords sur l'égalité professionnelle et l'égalité des chances les plus innovants de l'époque, ou sur les qualifications et l'évolution de carrière fondées uniquement sur les compétences mises en œuvre.

À mon sens, une entreprise est faite avant tout pour faire vivre des hommes et des femmes, qu'ils soient salariés, consommateurs ou investisseurs. Je crie haro sur ceux qui pensent que la finalité de l'entreprise, c'est d'abord, avant tout et par-dessus tout, de faire de l'argent ! Ils sont nombreux, bien sûr, et la course au profit gouverne, mais on voit suffisamment aujourd'hui que les arbitrages de profits financiers à court terme contre une rentabilité mieux partagée à long terme nous mènent droit dans le mur. La seule logique financière ne peut gouverner la destinée d'une entreprise, d'une économie, voire d'un pays.

COMMENT FAIRE AIMER L'ENTREPRISE À DES GENS QUI AIMERAIENT ÊTRE AILLEURS ?

La fonction de DRH telle que je la conçois est bien une fonction de direction générale, qui ne peut faire l'impasse sur la performance économique de l'entreprise, mais qui doit systématiquement l'associer à la performance sociale. Les deux ont partie liée, et sont indissociables : pas de performance sociale sans performance économique, et pas de performance économique sans performance sociale ! Cette conviction qui apparaît comme un truisme, résume tout le travail du DRH : il s'agit, bien sûr, d'expliquer la dimension et l'environnement économiques aux salariés au quotidien, et aux partenaires syndicaux, dans le cadre des négociations et des relations sociales.

Mais ce n'est qu'une partie de la mission du DRH : il doit également rappeler aux autres dirigeants et aux managers la dimension sociale de la performance de l'entreprise. Cela implique également de savoir s'affirmer. Bien sûr, les interlocuteurs changent, l'atmosphère avec mes pairs est quelque peu plus feutrée, mais les ressorts et les tactiques de la négociation restent les mêmes qu'avec les syndicats : empathie, compréhension, intimidation, bluff, etc. Dans les conseils d'administration, comme sur le terrain, face aux syndicats, ma passion du poker m'a servi !

Lorsque j'ai commencé ma carrière, en 1973, la fonction de directeur du personnel était essentiellement administrative : il s'agissait de paie, de droit du travail, etc. Aujourd'hui, du fait de l'évolution de la société, du cadre social et législatif, et des enjeux liés aux impératifs de compétitivité, la fonction est beaucoup plus stratégique. La place du DRH est au sein de l'organe de direction générale, et nulle part ailleurs : la fonction est une fonction « support », parce qu'elle est transversale, mais elle n'en est pas moins stratégique. C'est un métier passionnant, en ce qu'il nécessite de faire comprendre les enjeux et l'évolution du business à l'ensemble des collaborateurs, mais – et ceci est vrai dans beaucoup d'autres domaines ! – il nécessite également de savoir s'imposer, de marquer son territoire, et de savoir dire non.

Le métier de DRH est souvent décrié, certains le considèrent au mieux comme une chambre d'enregistrement et de résonnance des décisions prises en haut lieu. Dans ce cas, le DRH passe pour un facteur, voire un prestataire. Pour d'autres, il est chargé du pouvoir disciplinaire et passe au pire pour un père Fouettard qui constitue des dossiers sur les collaborateurs. Si l'on se laisse marcher sur les pieds, si l'on ne se souvient pas des deux aspects du métier – représenter la direction et le management auprès des salariés, porter la parole des salariés au sein du comité de direction générale –, on peut effectivement devenir ce genre de triste DRH qui, de peur de prendre des décisions, s'abrite derrière une panoplie d'outils, à la mode en ce moment : les entretiens dits d'objectifs, d'évaluation annuelle, de performance – qui laissent le collaborateur dubitatif et désabusé –, le 360° où l'évaluation par les autres est diluée dans le manque de courage managérial, etc.

De même, certains se consacrent exclusivement à la gestion des dirigeants et des hauts potentiels. J'en ai connu beaucoup, de ces « hauts potentiels », qui sont restés « potentiels » toute leur carrière, n'ayant finalement jamais rien réalisé ! C'est l'une des particularités du système français de reproduction des élites, et pas la plus enviable : si l'on est à peu près bien né, si l'on a été un bon élève et que l'on a eu un peu de talent, mais aussi de chance, lors des concours que l'on a passés, entre 19 et 23 ans, on est « logiquement » destiné aux fonctions à responsabilité, dès son plus jeune âge et sans avoir rien prouvé… Et cela n'a jamais été aussi vrai qu'aujourd'hui.

Une galerie de caractères bien trempés…

J'ai été DRH de quatre grands groupes, et je suis fils d'ouvrier. J'ai financé entièrement mes études en effectuant en parallèle différents emplois et ai obtenu ma maîtrise de droit public. Je me considère comme un autodidacte – et l'on m'a d'ailleurs parfois bien fait sentir que je n'étais pas du sérail. J'ai rarement mis en avant mes origines, et je n'en tire ni honte ni fierté. Pour pouvoir faire cette carrière, j'ai eu un peu de chance, mais je n'ai jamais renié mes origines et ne m'en suis pas non plus servi outre-mesure. Simplement, elles m'ont procuré un entregent bien utile puisque j'étais aussi à l'aise dans toutes les couches de la société, ayant eu la chance de pouvoir voyager entre elles. J'ai ainsi pu discuter et prendre le café avec les ouvriers dans la salle de pause, tout comme j'ai pu dialoguer avec des ministres ou des chefs d'État…

Si j'ai eu de la chance, c'est avant tout dans les rencontres que j'ai faites, qui toutes ont donné de nouvelles directions à ma carrière : il a fallu à chaque fois se décider vite, prendre le risque et saisir l'opportunité. Je n'ai pas eu à le regretter. En premier lieu, Pierre Viaud, qui m'a nommé, en 24 heures et alors que j'avais 27 ans, directeur du personnel de l'usine de façonnage de médicaments Février-Decoisy-Champion, à Paris, rue de Wattignies : dans la foulée, j'ai quitté Bordeaux, le soleil, la plage, le surf et la bonne chère, avec femme et enfants, pour arriver à Paris, et découvrir que ma mission consistait avant tout à… négocier la fermeture de l'usine.

Ensuite, René Sautier et Jean-François Dehecq, les deux créateurs de Sanofi, m'ont confié des responsabilités variées, en tant que directeur d'usine, PDG de laboratoire, DRH Groupe… Avec eux, j'ai vécu l'aventure passionnante de la construction, pièce par pièce, d'un géant pharmaceutique. Nous partions sans cesse à l'abordage et à l'assaut de nouvelles pièces, avec ensuite la mission, ô combien sensible, de parvenir à intégrer, à assimiler, et à faire vivre ensemble ce patchwork de sociétés et de laboratoires. Loïc Le Floch-Prigent, ensuite, m'a fait venir comme DRH d'Elf Aquitaine : je l'ai côtoyé trois semaines, avant qu'il soit débarqué par Édouard Balladur, alors Premier ministre. Mais je lui conserve toute ma reconnaissance, notamment pour m'avoir fait venir comme DRH alors que je n'étais ni X-Mines, ni issu de la prestigieuse filière de l'Exploration-Production, l'aristocratie d'Elf.

En tant que DRH, j'avais toujours voulu me frotter aux plus rugueux, aux plus puissants, aux plus « féroces » des syndicalistes. Les chimistes des années 1970 constituaient déjà une bonne épreuve du feu, mais je voulais avoir affaire soit aux cheminots, soit aux métallurgistes, c'était pour moi comme jouer en première division ! J'ai eu le plaisir – et ce n'est pas ironique ! – de fréquenter et d'apprécier ces derniers pendant neuf années passionnantes, en tant que DRH du groupe PSA Peugeot Citroën, de 1999 à 2008, aux côtés de Jean-Martin Folz.

Enfin, François Pérol m'a fait découvrir le monde bancaire et surtout coopératif pendant les trois dernières années de ma carrière : là, j'ai pu explorer une autre facette de mon métier de DRH, et participer à l'orchestration sociale du rapprochement Banque Populaire et Caisses d'Épargne. J'ai ainsi contribué, à mon niveau et à mon échelle, à poser les fondations d'un grand groupe bancaire français.

SAVOIR DIRE OUI… POUR POUVOIR DIRE NON !

Toutes ces rencontres ont été autant d'opportunités qu'il a fallu saisir, ce qui ne va pas sans prise de risques… Quitter Bordeaux pour la grisaille parisienne, quitter Elf Aquitaine, le premier groupe industriel français, et les avantages qui allaient avec la fonction, pour une nouvelle aventure dans un groupe et un secteur automobiles que je ne connaissais pas. Pour ne citer que celles-ci, les décisions n'ont pas toujours été faciles à prendre ! Mais c'est pour moi une qualité inhérente au métier de DRH : être capable de prendre des décisions rapidement, faire preuve de courage, savoir dire oui rapidement… pour mieux savoir dire non, quand il le faut, au patron ou aux syndicats ! Ainsi, chez Elf Aquitaine, j'ai rendu mon badge et les clés de ma voiture lorsque le président, Philippe Jaffré, m'a appris que je ne serais plus, à l'avenir, directement rattaché à lui, et je suis parti sans coup férir : j'ai été rappelé dans les quatre heures. Réorganisation annulée !

Ensuite, il faut être capable d'innover et de garder un coup d'avance sur la concurrence. En effet, il ne faut pas se leurrer, ni se croire à l'abri une fois que l'on a intégré les rangs d'un fleuron de l'industrie française : l'actualité prouve assez que nul n'est à l'abri de la concurrence, et que le rang d'aujourd'hui n'est en rien garant du rang de demain. Au plan social, également, l'innovation est possible, et surtout souhaitable : cela ressort de ce qui est aujourd'hui appelé la « marque employeur », et la compétition est forte entre les employeurs pour attirer et retenir les meilleurs profils.

Au fil de ma carrière, qui s'est déroulée entre les années 1970 et 2010, j'ai eu un certain nombre de restructurations, de plans sociaux, de plans de départs volontaires, à mettre en place et à suivre : cela a été le reflet de différentes évolutions, certaines inévitables, telle l'émergence de la mondialisation (j'avais d'ailleurs, en 1997, organisé un voyage d'études en Chine et au Vietnam pour les syndicalistes d'Elf), d'autres plus contestables. Mais même dans ces circonstances, où il s'est agi de gérer l'attrition, l'innovation sociale était possible. Ainsi, chez Sanofi, j'avais créé, avant les obligations légales à la fin des années 1970, des antennes locales Emploi, où avec les syndicalistes, nous mettions en contact les employés des sites concernés par les restructurations, avec les entreprises proches qui embauchaient. Autres innovations : j'ai contribué à la création du Comité européen chez Elf Aquitaine, et j'ai fait signer à toutes les organisations syndicales de PSA le premier accord sur l'égalité hommes/femmes, en 2003. Celui-ci préfigurait d'ailleurs un accord plus vaste sur la diversité et l'égalité des chances, signé en 2004.

Pendant 43 ans, je me suis fait un devoir de rester moi-même, naturel et fidèle à mes convictions et à mes engagements. Ainsi que je l'ai dit, le fait d'être aussi à l'aise en polo qu'en costume s'est avéré être un atout de taille dans l'exercice de mes fonctions, et si j'ai pu entendre des réflexions, je n'ai jamais cherché à parler « pointu » ou parisien ! À bien y réfléchir, certains ont dû apprécier ce naturel, et d'autres moins…

Par ailleurs, on ne m'a pas proposé certains postes. J'aurais aimé diriger une filiale à l'international d'un des groupes dans lesquels j'ai travaillé ; j'aurais apprécié de travailler dans le marketing, mais mes patrons successifs ne l'ont pas jugé bon, prétextant qu'ils avaient trop besoin de moi à la DRH. Je ne suis pas dupe, ils devaient penser que je n'en étais pas capable : peut-être avaient-ils raison, et peut-être cela m'a-t-il évité de fournir une illustration de plus au principe de Peters qui postule que, au fil des promotions au cours de sa carrière, un individu finit par dépasser son seuil de compétence, et finit par occuper un poste pour lequel il est en état d'incompétence maximale…

43 ANS D'ÉVOLUTIONS ET DE MUTATIONS :
LE DRH DOIT ACCOMPAGNER LES CHANGEMENTS...

Je n'ai donc exercé qu'un métier au cours de ma carrière, mais, par chance, celui-ci n'a cessé d'évoluer, au fur et à mesure de l'évolution du monde et des conditions de travail : tertiarisation, évolution des qualifications, NTIC, nouveaux cadres législatifs et sociaux (lois Auroux, CETP), prise en compte des besoins des salariés dans l'organisation du travail... Aujourd'hui, la fonction de directeur des ressources humaines est devenue stratégique, et elle recouvre une large palette de champs d'intervention : législation sociale, conditions d'emploi et de travail, communication, gestion individuelle des carrières, politiques de rémunération, négociations diverses et variées, mais aussi, et c'est une dimension importante, mobilisation des salariés autour de la stratégie et du projet d'entreprise. Progresser implique de se fixer des objectifs, et donc une stratégie, mais celle-ci doit s'articuler avec la culture de l'entreprise. Lorsque ce n'est pas le cas, il y a deux solutions : modifier la stratégie pour la rendre compatible avec la culture, ou faire évoluer la culture de l'entreprise. Et c'est dans cet aspect que réside la noblesse de la mission du DRH des années 2000.

Je suis convaincu que l'entreprise ne peut évoluer sans « embarquer ses hommes et ses femmes ». Il importe de toujours expliquer où l'on va, pourquoi on y va, et veiller à l'adhésion et à l'engagement des équipes. Lorsque cette adhésion n'est pas au rendez-vous, il est impératif d'expliquer, d'affiner, et c'est pour cela que je suis partisan d'aborder tous les points sans tabous avec les organisations syndicales qui représentent les salariés. Ce point est essentiel car il touche à la fois à la stratégie et à la culture de l'entreprise.

En marge de ses compétences RH, le DRH doit développer une vision plus globale de la fonction RH, en intégrant des aspects industriels, finances et marketing… La fonction RH est une fonction stratégique, capable d'améliorer la compétitivité de l'organisation et de contribuer à la création de valeur. C'est comme ça que je l'ai toujours conçue, c'est ce que certains appellent maintenant « HR business partner ». L'anglicisme ne rend pas les choses fondamentalement différentes, et, ne rêvons pas : il n'est pas acquis que le DRH soit systématiquement associé aux grandes décisions. Il faut le vouloir !

On ne peut exercer cette mission sans convictions profondes : pour ma part, je suis persuadé que tous les hommes et les femmes ont des compétences. Le talent, pour un manager et pour un DRH, c'est de savoir les détecter, et de les placer au bon endroit. Les managers qui se défaussent sur la prétendue incompétence de leurs collaborateurs ne font que déplacer leur propre incompétence, soit dans l'action, soit en amont, dans la pratique managériale de détection, de gestion et d'utilisation des talents de chacun. J'ai par exemple connu le cas d'un collaborateur perçu comme peu efficace dans l'accomplissement de ses tâches qui s'est révélé être un très bon adjoint au maire d'une grande agglomération, en charge de budgets de plusieurs centaines de millions d'euros.

... EN RESTANT FIDÈLE À SES CONVICTIONS, ET EN PRISE AVEC LE TERRAIN

Au-delà de ses propres convictions, il est quand même plus cohérent d'être humaniste que fondamentalement cynique lorsque l'on est directeur des ressources humaines. Le DRH doit développer une vision claire, partagée et cohérente de l'entreprise : c'est dans cette dimension qu'il peut également agir sur la culture de l'entreprise. Il doit aider à la faire coïncider avec le projet stratégique, en instillant, via les différents supports et occasions de communication, le discours cohérent qui permet aux collaborateurs d'appréhender la nouvelle réalité, contingente (l'environnement concurrentiel) et interne (l'organisation mise en place et les objectifs), de leur entreprise.

À l'heure actuelle, dans les sièges des grands groupes et dans bon nombre d'entreprises, la fonction de DRH est en prise directe avec la mondialisation, l'internationalisation des organisations, les restructurations, fusions et acquisitions, etc. Il est important d'appréhender ces aspects, mais il ne faut pas non plus perdre de vue le terrain et la réalité de notre métier : c'est en parlant, en écoutant, en saluant et en suscitant la conversation, que l'on cerne les signes avant-coureurs, ce que l'on appelle les palpeurs et les signaux faibles. La porte de mon bureau était toujours ouverte, je prenais des cafés avec les employés et je fréquentais les installations sportives d'Elf comme de BPCE. De même, chez PSA Peugeot Citroën, j'essayais de me rendre toutes les deux semaines en usine : rien ne m'y obligeait, mais c'est ainsi que j'ai pu garder le contact avec le terrain.

Aujourd'hui, je ne peux que regretter certains travers de l'évolution de la fonction. Ainsi, trop de DRH se

consacrent à la gestion des « talents », soit 200 à 300 individus appartenant aux couches supérieures de la société,
aux CV déjà brillants, et qui n'auraient de toute manière
aucune difficulté à gérer leur progression de carrière par
eux-mêmes. La cooptation et la reproduction des élites
sont déjà des maux français, et je ne vois pas l'utilité de
les institutionnaliser à outrance au sein même des services
RH sous prétexte de « pénurie de talents » ! Au contraire,
à mon sens, tout l'enjeu est de savoir prendre des risques,
en évitant autant que possible la consanguinité, et en
détectant et en choisissant des profils différents.

D'autres confrères se réfugient derrière les outils RH
tels que les entretiens individuels et de carrière, les outils
SIRH, et n'ont plus de contact avec la réalité du terrain : ils procèdent d'un mal plus répandu dans l'entreprise, à savoir la communication totalement transférée
via les e-mails et les solutions technologiques. Parcellaires
et asynchrones, ces communications ne retransmettent
qu'une partie du message et oublient l'essentiel… tout ce
qui n'est pas dit, mais que l'on entend dans une conversation de vive voix !

Désormais, certains DRH de grands groupes ne président
plus les séances des comités centraux d'entreprise ou les
comités européens, et délèguent l'essentiel de leurs fonctions à d'autres, managers fonctionnels de leur entreprise
ou cabinets conseils. Ils ne négocient plus les ruptures,
ils ne rédigent plus les transactions, et sous-traitent ces
tâches, à prix d'or, à des bataillons d'avocats ! En clair, et
pour dire les choses crûment : de nombreux DRH ne
mettent plus les mains dans le cambouis ! Par peur de
prendre des coups ? Par incompétence ? Par facilité ?

DRH DE 2013, OÙ ÊTES-VOUS ?

Cette absence est particulièrement criante aujourd'hui, où de nombreux conflits sociaux émaillent les (trop) nombreuses fermetures de sites industriels sur le territoire français (216 pour la seule année 2012) : sur les écrans de télévision et dans les médias, on a vu apparaître une nouvelle génération, charismatique et bien formée, de leaders syndicaux. Mais où sont les DRH ? Aujourd'hui, on ne connaît même plus leur nom ! On voit parfois apparaître fugacement un jeune attaché de presse ou porte-parole, mais la bataille des images et de l'opinion est largement remportée par les syndicats ! C'est un appel, et c'est un rappel : la fonction de DRH implique du cœur et du courage, et il s'agit de savoir résister à la pression pour exercer ce métier, qui n'est pas toujours facile, psychologiquement et humainement. Je suis bien conscient que l'image de notre métier est quelque peu négative, que notre fonction est parfois mal perçue. Mais je suis persuadé que c'est lorsqu'elle est mal ou pas assumée qu'elle est mal perçue. Un DRH ne doit pas se contenter d'entériner des décisions, il doit décider lui-même, s'engager dans sa fonction, l'assumer et l'incarner, même si cela comporte des risques et des difficultés.

On n'est jamais blindé, et il y a des moments difficiles, je ne le cacherai pas. On se sent seul lorsque l'on annonce un projet de fermeture, debout au milieu d'une cour, à 300 salariés. On a beau avoir élaboré les mots et les phrases, on a beau s'être préparé, on se sent seul lorsque l'on sait que l'on crée du désarroi dans des foyers, même si l'on sait que l'on agit pour le bien de l'entreprise, et que l'on fait le maximum pour limiter le plus possible la souffrance humaine. Mais, si l'on fait preuve d'humanisme et d'empathie, on ne peut s'empêcher de penser au lendemain matin de ces collaborateurs, pères et mères de famille…

Je me suis aussi senti très seul, et « désorienté » comme l'avait titré *Le Monde*, lorsque je me suis retrouvé face à une vague de suicides chez PSA à Mulhouse, où six collaborateurs se sont donné la mort en un seul semestre. On est effectivement toujours désorienté – et le mot est faible – face à des actes aussi radicaux qui nous dépassent. Lorsque j'ai été prévenu du dernier cas, j'ai immédiatement quitté le séminaire de direction générale où je me trouvais pour rejoindre le site et échanger avec l'encadrement et les collègues ouvriers. J'ai ensuite passé tout le mois d'août à lire tous les livres existant sur la détresse au travail, les risques psychosociaux, tous ces cas extrêmes, puis j'ai demandé au Professeur Légeron, du cabinet Stimulus, de mener une enquête approfondie sur les trois principaux sites de PSA Peugeot Citroën, avant que l'on ne lance des négociations entre partenaires sociaux pour aborder le thème du stress et de ces situations de souffrance au travail.

Aujourd'hui, on sait plus de choses sur ces sujets – c'est d'ailleurs malheureux, et c'est un symptôme violent d'un monde du travail en souffrance. Mais en 2007, le risque psychosocial n'était pas quelque chose de présent à nos esprits, dans nos formations : il a donc fallu apprendre et partager le fruit de nos analyses, pour mettre en place des garde-fous, dans le management, dans l'approche du travail, dans la mesure de la performance… Toute ma vie, je me souviendrai du choc, du sentiment de culpabilité, de l'incompréhension absolue des collègues, des encadrants, face à ces actes désespérés : leurs causes en étaient multiples, et dans au moins quatre cas, il s'agissait de drames personnels. Mais, en tant que DRH et qu'être humain, il faut faire tout ce qui est possible pour éviter que ces drames n'arrivent. Et cela signifie qu'il faut garder à l'entreprise son humanité : elle est au service des hommes et des femmes, qu'ils soient clients, collaborateurs, fournisseurs ou actionnaires, et pas le contraire !

ATYPIQUE ET BRUYANT : C'EST AUSSI POSSIBLE POUR UN DRH !

À force de l'avoir entendu dire, il doit bien y avoir une part de vérité : j'ai été un DRH atypique. Atypique par le style, la formation, les origines, l'accent, les coups de gueule – fréquents ! – et les coups de cœur – pas beaucoup plus rares ! À mon pot de départ, François Pérol m'a décrit comme quelqu'un de loyal, compétent, atypique mais rugueux, et il est vrai que j'ai pu défendre bec et ongles mon entreprise, mes collaborateurs ou mes patrons, en fonction de ce que je jugeais juste. D'aucuns m'ont trouvé généreux, et je leur laisse le soin de le dire : cette notion est très relative, notamment lorsque c'est en comparaison avec d'autres dirigeants. Ensuite, j'ai toujours dénoté, dans des sièges sociaux généralement feutrés, voire compassés.

Donc, dans l'ensemble (avec une part de provocation que j'assume totalement), je revendique ce qualificatif d'atypique, et j'en suis fier ! C'est la preuve qu'il est aussi possible de mener une carrière sans se soucier de rentrer dans le rang ou de se conforter à un moule plus fantasmé que réel. J'ai eu de la chance au début de ma carrière : d'une part, il était de bon ton, pour les dirigeants, de s'entourer de quelques pseudo-révolutionnaires soixante-huitards, et cela a pu jouer un petit peu. Mais surtout, j'ai eu la chance de rencontrer des patrons ouverts d'esprit, qui avaient compris que la diversité – de style, d'esprit, de compétences – était facteur de compétitivité, de performance et de créativité. Et j'ai faite mienne cette phrase de René Sautier, l'un de mes premiers patrons, à qui je dois beaucoup : « Je préfère entendre autour de moi des gens qui s'engueulent. Au moins, l'entreprise vit : c'est biologique ! Lorsque l'on n'entend plus rien, c'est que l'entreprise est en train de mourir… ».

Les évolutions technologiques, l'émergence des réseaux sociaux ont considérablement modifié les modes de communication. Il faut néanmoins prêter attention aux déviations et effet pervers, et éviter de créer une « entreprise virtuelle ». Les *workflows*, qui facilitent beaucoup de choses, ne doivent pas se substituer à l'acte managérial. Avec la mondialisation, la financiarisation parfois à outrance, il arrive que l'entreprise tende à se déshumaniser. Le DRH doit renouer avec le collectif et donner du sens au travail de tous les jours. Je trouve également que des DRH, en devenant des business partners, ont parfois oublié que dans « ressources humaines », il y a le terme « humain ». Le rôle du DRH est plus que jamais de redonner du lien et de l'humain au cœur de l'entreprise.

La fonction de DRH a beaucoup évolué, et ce n'est pas terminé. À l'avenir, le DRH devra de plus en plus aider le président à dégager une vision porteuse de sens pour toutes les parties prenantes de l'entreprise. C'est son rôle que de faire comprendre, et partager, « le sens » de l'entreprise et du travail auprès des collaborateurs.

Il devra de plus en plus dépasser les contradictions entre global et local, entre gestion individuelle et collective, entre respect des cultures et innovation… tout en sachant anticiper et accompagner les transformations.

Pour mener ces synthèses à bien, il doit étoffer sa fonction en prenant de nouvelles responsabilités, et en saisissant de nouvelles opportunités telles que la RSE, la communication, l'organisation apprenante et le management du travail… puis les intégrer dans l'espace du dialogue social. Enfin, le DRH d'aujourd'hui, et de demain, doit s'impliquer dans la thématique de la santé au travail afin que celui-ci reste un facteur de bien-être et d'accomplissement personnel plutôt que de mal-être et de risques psychosociaux.

Je crois que les hommes et les femmes choisis pour être DRH sauront s'adapter, et je ne détiens pas le secret ou la potion magique pour devenir un bon DRH, mais je crois plus que tout à un principe : être soi-même ! Être naturel !

J'ai pu l'être car j'ai osé, mais aussi car j'ai été un DRH gâté ! Gâté, car j'ai eu la chance d'exercer ma fonction dans des entreprises où il y avait de réels enjeux RH. Gâté, par les rencontres que j'ai pu avoir avec des collègues, des patrons, des collaborateurs exceptionnels, avec qui j'ai partagé des moments aussi inoubliables qu'enrichissants. Gâté, parce que j'ai rencontré et approché de grandes personnalités : chefs d'État, philosophes, artistes, sportifs… Gâté, car j'ai reçu honneurs et récompenses – qui étaient autant destinés aux groupes que je représentais qu'à moi-même : DRH de l'année, Légion d'honneur, Ordre du Mérite, Palmes académiques, etc. Gâté, car j'ai pu aller en missions sur quatre continents (les cinq, sauf l'Océanie), séjourner dans de grands hôtels, déjeuner dans les meilleurs restaurants, lors de repas dits « d'affaires », me rendre dans les plus grands stades. Gâté, car j'ai pu entreprendre, créer, innover, développer, négocier des accords qui ont fait date... Gâté, car j'ai pu prendre énormément de plaisir pendant 43 années. Et le premier d'entre eux est toujours resté le fait de pouvoir déjeuner, discuter, échanger, faire du sport, avec des inconnus, des retraités, des ouvriers, des étudiants, des gens qui galèrent... Bref, de pouvoir mener ma vie comme je l'entendais, même dans mes postes !

Chapitre 2

Partenaires sociaux et négociations : vive la démocratie sociale !

Le pire système pour la vie de l'entreprise, à l'exception de tous les autres

En 40 ans de carrière, j'ai eu la chance de rencontrer, de côtoyer, d'échanger et de battre le fer avec de nombreux leaders syndicaux, au sein des entreprises où j'ai exercé mes fonctions, bien évidemment, mais également en tant que membre du Conseil d'orientation de l'emploi, ou comme président de l'ANACT (Agence nationale de l'amélioration des conditions de travail) ou de l'AFPA (Association de la formation professionnelle pour adultes). J'ai eu accès à eux, j'en ai tutoyé certains, et j'en ai apprécié le plus grand nombre.

J'ai toujours eu le cœur à gauche, par conviction, par fidélité à mes origines, et je continue, même si je suis bien conscient que je me suis embourgeoisé et que c'est un socialisme light pour lequel j'ai voté aujourd'hui. Le paradoxe – un « DRH de gauche » – n'est qu'apparent, et il est beaucoup plus fréquent qu'on ne le croit. Comme nombre de mes collègues, j'ai parfois partagé, dans des circonstances précises, les analyses et les convictions des partenaires sociaux avec qui je négociais. Plusieurs fois, j'ai eu envie de changer de côté de la table, et, au demeurant, j'aurais certainement eu des engagements syndicaux si je n'avais pas fait carrière dans les ressources humaines.

En effet, j'ai un très grand respect pour de nombreux syndicalistes que j'ai croisés au cours de ma vie professionnelle, qui ont refusé des promotions ou des fonctions pour rester à défendre les autres, qui sont passés à côté de brillantes carrières et de rémunérations plus généreuses, par altruisme, par conviction et par humanisme. À des degrés divers, ils m'ont tous marqué, et qu'ils en soient ici remerciés.

Mon « who's who » personnel

Ainsi, j'ai beaucoup apprécié Nicole Notat, ex-secrétaire confédérale de la CFDT, qui n'a cessé de se montrer innovante et entreprenante. C'est quelqu'un qui a une ligne, des convictions et du courage : elle l'a par exemple montré en soutenant la réforme de la Sécurité sociale d'Alain Juppé, pourtant *a priori* pas vraiment de son bord.

Son successeur, François Chérèque, a réussi à exister et à se faire un prénom, alors que son succès n'était rien moins qu'évident. Fils de Jacques, secrétaire confédéral de la CFDT dans les années 1970, et successeur de Nicole Notat, au charisme évident, il pouvait apparaître bien terne au jeu des comparaisons qui s'imposaient sans qu'il le veuille. Mais il a montré qu'il avait des convictions fortes en matière de politique contractuelle. Il a toujours cherché à dépasser les clivages, et il a affiné au fil des ans ses talents de communicant. J'ai vite été conquis : en outre, nous avions la passion du rugby en commun, ce qui n'a l'air de rien mais permet de créer du lien.

À la CGT, Bernard Thibaud est un fervent partisan du rassemblement de forces. Partant du constat que la division du syndicalisme nourrit sa crise, il a cherché à faire bouger la CGT, et je lui ai trouvé le talent de bien gérer l'implication de la CGT dans les différentes négociations sociales sans remettre en cause ses convictions. Louis Viannet, son prédécesseur initiateur de l'unité, avait déjà fait preuve d'ouverture en faisant adhérer la CGT à la Confédération européenne des syndicats (CES). Aujourd'hui, c'est au tour de Thierry Lepaon de reprendre la tête d'une CGT en forme, et pas du tout affaiblie. J'ai fréquenté ce dernier pendant sept ans, alors que nous étions tous deux membres du Conseil d'orientation de l'emploi (COE). C'est un homme de réseaux, passionné de sport : il est cordial, chaleureux et agréable et, contrairement à d'autres leaders syndicaux, son passé chez Moulinex lui a donné une vraie connaissance des réalités de l'entreprise. C'est aussi ce qui nous a rapprochés d'une autre manière : nous avons tous deux côtoyé Alfred Sirven, lui chez Moulinex et moi chez Elf.

Au sein de ces deux organisations, je ne pourrais pas non plus oublier le plaisir que j'ai tiré de mes échanges avec Jean-Claude Le Duigou, pour la CGT, et Marcel Grignard, pour la CFDT. Ces deux « Numéros 2 » de leurs organisations ont été des syndicalistes brillants, dont les analyses économiques et sociales ont conduit les réflexions dans leurs organisations, et leur ont permis de se positionner et d'évoluer à court, moyen et long terme.

Chez FO, Jean-Claude Mailly est un homme de convictions, qui prône l'unité d'action, mais qui donne parfois à penser qu'il est encore dans une vision idéologique de la lutte des classes. Ceci étant dit, il a la lourde tâche de succéder à Marc Blondel, à propos de qui je ne ferai aucun commentaire. Par ailleurs, j'ai toujours eu une très bonne relation, très conviviale, avec Stéphane Lardy, brillant négociateur dont j'apprécie la capacité à retomber « sur ses pattes » même dans des situations difficiles.

À l'UNSA, Union nationale des syndicats autonomes, j'ai toujours eu une grande admiration pour la culture historique d'Alain Olive, qui est certainement le meilleur connaisseur et l'analyste le plus fin de l'histoire et des stratégies du mouvement syndical. Il a toujours fait preuve d'un grand esprit d'ouverture et a su positionner l'UNSA au niveau des cinq autres organisations syndicales réputées représentatives : une gageure, lorsque l'on considère que l'UNSA n'a que 20 ans d'existence, puisqu'elle a été fondée en 1993. Toujours à l'UNSA, j'ai aussi eu le plaisir de fréquenter et de faire du sport avec Jean Grosset, et j'ai également passé beaucoup de temps, à la BPCE, avec Serge Hubert et Jean-David Camus, qui m'ont marqué par leur capacité de travail et leur connaissance des dossiers.

À la CFE-CGC, avant Bernard Van Creynaest que j'ai côtoyé à la métallurgie, j'ai surtout bien connu son prédécesseur, Jean-Luc Cazette, ex-salarié d'Elf – un vrai provocateur, qui ne cessait de parler de son propre « abus de bien social » – puisqu'il était permanent syndical salarié rémunéré d'Elf, pendant que l'on parlait de Christine Deviers-Joncour en long et en large dans les prétoires et les journaux.

Cette grande capacité de travail, je l'ai également notée, à la BPCE, chez les délégués SUD. Cela peut paraître paradoxal, car tout nous oppose. Ils cherchent la confrontation alors que je prône la concertation. Mais je leur reconnais un grand sens de la communication, et je considère qu'il faut tout faire pour les intégrer dans le « jeu » social, ne serait-ce que pour les y obliger ! Quoiqu'il en soit, j'ai le souvenir de joutes oratoires, parfois très vives, avec en particulier Jean-François Largillière… et ce ne sont pas que des mauvais souvenirs.

En revanche, j'ai toujours eu des relations conflictuelles avec les délégués syndicaux CFTC. Ceci, partout où je suis passé. Est-ce dû à mon côté atypique ? À ma réputation très laïque ?

J'en ai croisé un certain nombre, de ces syndicalistes brillants sur le terrain, et je leur dois un hommage : Jean-Pierre Tual (CFDT/Sanofi), Danièle Dugas (CGT/Sanofi), qui se sont par la suite brillamment reconvertis dans la fonction RH, Gilbert Lebrument (FO/Elf), Jean Vincent (secrétaire général de la CGT Chimie) chez Elf, Guy Praxelle (CFDT), Marc Blanc (CFDT, secrétaire du Comité européen), Christian Albanese (CGT), Jean Conan (CGC), sans oublier Christian Carreras (FO), Jacques Khelif et Marc Deluzet (CFDT). Chez PSA, j'ai apprécié de rompre des lances avec Alain Seften (FO), Loris Dallo (CGT), Pierre Bevillacqua (CGC), Vincent Bottazi (CFDT) et Bruno Lemerle (CGT). Je peux également citer Maryse Dumas (CGT) et Martinez (CGT). Avec toutes ces personnes, j'ai entretenu des relations personnelles cordiales et sympathiques, ce qui est un présupposé pour des relations sociales constructives. À cet égard, j'oublie sans doute bon nombre de personnes tout aussi remarquables dans ce générique

de ma vie sur le front social, mais toutes, dans des circonstances diverses, m'ont marqué par leur altruisme, leur
courage, et leur attachement à la démocratie sociale, un
système dont je reste un ardent défenseur.

Je ne peux citer ces syndicalistes sans dire quelques mots
sur deux experts des relations sociales, deux « papes
du social », qui m'ont beaucoup appris, et pour lesquels j'éprouve un réel respect. Bernard Brunhes, tout
d'abord, récemment décédé. Cet ex-conseiller social de
Pierre Mauroy, lorsque ce dernier était Premier ministre,
s'est toujours montré très chaleureux, doté de qualités humaines exceptionnelles. Il m'a donné de précieux
conseils, en particulier sur la gestion de conflits sociaux
dans le secteur de la chimie.

Et puis Raymond Soubie, que d'aucuns surnomment
« Raymond la science », également ex-conseiller social
du Premier ministre Jacques Chirac. J'ai eu la chance et le
plaisir de le croiser pendant une grande partie de ma vie
professionnelle, et nous aurions pu nous croiser plus tôt :
il est aussi originaire de la banlieue de Bordeaux (et il est
aussi né un 23 octobre). Je l'ai écouté dans des forums et
des conférences lorsqu'il dirigeait *Liaisons sociales*, puis j'ai
échangé avec lui lorsqu'il présidait le cabinet Altédia, qu'il
avait fondé en 1992, et à l'Élysée, lorsqu'il était conseiller
social de Nicolas Sarkozy. J'ai beaucoup apprécié, et j'apprécie toujours sa grande capacité d'écoute, son art subtil
de la diplomatie, son incroyable culture et sa connaissance
des rouages du pouvoir et des organisations syndicales. De
nos nombreux contacts et échanges, j'ai retenu quelques
grands conseils : « écouter pour comprendre » ; « ne jamais
rompre le dialogue » ; « toujours respecter les interlocuteurs »…

Enfin, je ne peux clore ce who's who sans citer les amis, professeurs, experts, avocats, qui ont croisé ma route et m'ont aidé à développer mes compétences en gestion des ressources humaines et dialogue social : Jean-Marie Peretti, Jean-François Amadieu, Bernard Vivier, Franck Bournois, Jean-Emmanuel Ray, Luc Boyer, Charles-Henri Besseyre des Horts, Hervé Duval, Pierre Ferracci, etc.

LA CRISE DU SYNDICALISME : QUELLE RÉALITÉ ?

La crise du syndicalisme et de sa représentativité, si elle n'est pas encore un mal endémique, devient à tout le moins une vieille lune : à cet égard, la loi sur la représentativité remettra les pendules – et les fantasmes – à l'heure. Nous en connaissons aujourd'hui les résultats : il s'agit peut-être de l'entame d'un mouvement de fond, qui amènera un renouveau de la démocratie sociale, un système auquel je crois profondément. Malgré ses limites, la démocratie sociale a un objet commun – une chose publique, ou *res publica* – et organise les hommes autour de stratégies et d'enjeux constructifs et compris de tous !

En France, le taux de syndicalisation n'est que de 7,5 %, avec de fortes disparités selon les secteurs, puisque ce taux n'est que de 5 % dans le secteur privé, et de 15 % dans le secteur public. Ces taux apparaissent bien faibles si on les compare aux taux des pays nordiques, où l'adhésion dépasse les 65 %, ou même à l'Allemagne où elle dépasse 18 %. Mais il convient de comparer ce qui est comparable : ce syndicalisme unifié et réformiste a également des taux importants car il gère et donne accès aux indemnités de chômage. Mécaniquement, l'adhésion est donc plus forte

(en France, également, les syndicats de pilotes ou d'impri-
meurs ne connaissent pas de crise de la représentativité) ;
ensuite, en Allemagne, les syndicats défendent les conditions de vie des travailleurs, alors qu'en France, encore
en 2013, les syndicats conservent et revendiquent une
dimension idéologique et une conception de la société…
sans parler de ceux qui sont encore en opposition frontale
face au capitalisme et à l'économie de marché.

Aujourd'hui, la baisse des adhésions, en France, est due à une
conjonction de facteurs socioculturels et économiques :
hausse de l'individualisme, crise des élites, précarisation
de l'emploi, hausse des qualifications, etc. Cependant, au
moment où les adhésions baissent, on assiste à une vraie
recrudescence de la négociation d'entreprise.

Va-t-on alors vers une recomposition du paysage syndical ? Nous avons déjà suivi avec attention les tentatives
de rapprochement entre l'UNSA et la CGC, ou entre la
CGC et la CFTC, et les divers autres mouvements qui ont
lieu en ce moment même. Ce qui est certain, c'est que la
loi du 20 août 2008 portant rénovation de la démocratie
sociale, va au fil des années rebattre les cartes du jeu syndical, puisque les organisations sociales devront apporter la
preuve de leur représentativité au plan national, avec trois
seuils importants qui définiront les conditions de représentativité et d'accès aux financements…

La volonté qui sous-tend cette loi est claire, et elle reprend
une position commune signée par la CGT, la CFDT, le
Medef et la CGPME, concernant la représentativité et
le dialogue social : il s'agit de réduire le nombre d'organisations sociales. Cette recomposition interviendra pro-
gressivement, à n'en pas douter, dans les années à venir,
et l'on peut déjà envisager quelques mouvements straté-

giques, quelques alliances et repositionnements. On voit d'ores et déjà la CFDT se rapprocher de l'UNSA, et FO devrait reprendre sa place dans le paritarisme, profitant du repli de la CGT qui défend de plus en plus un syndicalisme de contestation afin de ne pas se laisser déborder par SUD sur sa gauche. Enfin, la CGC, en crise interne, devra faire un choix stratégique clair : veut-elle rester une organisation catégorielle ou devenir une organisation confédérale ? Quant à la CFTC, il a fallu attendre Pâques pour voir sa résurrection : 9,3 % ! Divine surprise ! Les résultats mesurant l'audience dans les élections des comités d'entreprise entre 2009 et 2012 sont connus depuis peu. On assiste à un écart très serré entre la CGT et la CFDT (26,8 et 26 %) et FO se maintient à la troisième place avec 15,9 %. Les autonomes ne sont toujours pas représentatifs au niveau national et « disparaissent des radars » : UNSA fait 4,26 % et SUD 3,47 %. En revanche, ils gagnent du terrain au niveau des branches : UNSA siègera dans 82 branches et SUD dans 42. L'important dans cette mesure d'audience au niveau national, c'est que les syndicats dits « réformateurs » (CFDT, CFTC et CFE-CGC) totalisent 51,15 %. Les deux syndicats CGT et FO, plus radicaux, rassemblent 48,85 %.

Cette recomposition du paysage syndical ne sera pas évidente, et n'ira pas sans résistances ni frottements. En effet, il ne faut jamais perdre de vue qu'il n'y a pas « une » mais « des » CGT, et qu'il en va de même pour la CFDT et FO. Ces organisations vont faire face à des divisions internes, des positionnements tactiques et stratégiques de leaders, et devront en outre être vigilants sur les pratiques d'entrisme des militants de Lutte ouvrière. En effet, ceux-ci, plus que le NPA, ont toujours tenu l'entreprise et la démocratie sociale comme le terrain naturel d'expression de leurs positions et de leurs combats : c'est pour cette raison, entre autres, que l'on voit souvent des cellules syndicales d'entreprise (Goodyear, PSA Peugeot Citroën Aulnay, Continental) tenir des positions très éloignées, voire en opposition frontale, d'avec celles exprimées par leur confédération. Noyautées par des militants trotskystes, elles poursuivent alors d'autres buts.

LE JEU SYNDICAL : UNE RECOMPOSITION À VENIR

Cette recomposition est inéluctable, du fait des quatre nouveaux seuils qui s'imposent aux syndicats : en premier lieu, il est désormais nécessaire de cumuler 10 % des suffrages exprimés dans l'entreprise, et 8 % au niveau des branches, ainsi qu'au niveau national interprofessionnel, pour être considéré comme représentatif. Ensuite, la signature d'un accord est considérée comme valide dès lors que le ou les syndicat(s) signataire(s) totalise(nt) une représentativité de 30 % au sein de l'entreprise ou de la branche ; et enfin, pour s'opposer à un accord, il faut atteindre une représentativité de 50 %.

Pour ma part, je pense que la recomposition par le haut sera limitée car un grand nombre d'organisations ont une préoccupation majeure : avoir accès à des ressources financières suffisantes pour le fonctionnement de leur appareil, et je pense donc plutôt à des rapprochements par la base, entre sections syndicales d'entreprises concernées par les seuils de 8 % et de 10 %.

Cette redistribution des cartes et de la représentativité, dont on ne peut pas encore mesurer tous les effets, vient en tout cas revigorer la démocratie sociale, dont je reste un ardent partisan ! Malgré ses limites, elle évolue sans cesse, par le biais d'un instrument on ne peut plus démocratique : la négociation. Les lois Auroux, en 1982, en avaient fait une obligation, et la loi Larcher, en 2007, a instauré la négociation comme préalable à la loi. Ce qui semble désormais une évidence pour beaucoup ne l'est pas encore pour tous ! Pour preuve, ces parlementaires de gauche qui n'ont cessé de rappeler que la démocratie sociale ne peut se substituer à la démocratie politique, et ont essayé « d'améliorer l'ANI » du 11 janvier 2013, pourtant un parfait exemple de ce que la démocratie sociale peut et doit être. Ces députés socialistes et communistes, pas indifférents au fait que ni la CGT ni FO n'aient ratifié l'ANI, ont déposé différents amendements afin de continuer à défendre la primauté de la démocratie politique ! Le 14 mai 2013, le Président et Michel Sapin ont tenu leur engagement : la loi a été votée, sans remettre en cause le texte de l'Accord national interprofessionnel.

On peut facilement répondre à l'argument choc des opposants – « À quoi sert dans ce cas d'élire des députés ? » – qu'il est peut-être plus avisé de laisser justement ceux qui connaissent le monde de l'entreprise s'occuper de l'entreprise, et de laisser les députés s'occuper de démocratie politique ! Henri Rouillault, expert de la démocratie sociale, la définit ainsi : « Toutes les formes de négociation, de consultation ou d'échanges d'information, à tous les niveaux, entre les employeurs, les représentants des travailleurs et les pouvoirs publics sur toutes les questions d'intérêt commun ».

Petit éloge de la démocratie sociale

En clair, la démocratie sociale, c'est l'affaire de tous ceux qui vivent au cœur de l'entreprise, qui en connaissent les rouages, qui comprennent les aspirations des salariés et qui appréhendent les différentes contraintes qui régissent la vie de l'entreprise. À mon sens, ils sont bien plus à même de définir des axes de progrès, compris et partagés par tous, que les législateurs, dont très peu de membres ont appartenu au monde de l'entreprise.

Ensuite, la démocratie sociale ne va pas de soi, et ne va pas sans efforts ! La négociation doit être initiée, maintenue, entretenue, mais elle est la condition *sine qua non* pour régler la vie et l'organisation de l'entreprise. Je bondis souvent lorsque j'entends certains chefs d'entreprises ou certains confrères DRH qui fustigent les intrusions des juges, et/ou du législateur, dans la vie de l'entreprise, tout en rechignant systématiquement à développer le dialogue social. Il faut savoir arbitrer, et comprendre les solutions qui s'offrent à nous : si l'on veut limiter au maximum les intrusions du monde judiciaire dans l'entreprise, il faut entretenir une démocratie sociale riche et vivante au sein de son organisation !

Ceci étant dit, je reste bien conscient des limites de la démocratie sociale. Tout d'abord, elle inclut un droit d'opposition par les non-signataires, dès lors qu'ils représentent plus de 50 % des effectifs. Et puis la signature de certaines organisations n'engage qu'elles, leurs représentants et leurs adhérents, et rien n'empêche que d'autres organisations, voire des individus, ne déposent des recours devant les tribunaux. Mais je continue à la tenir pour le meilleur système pour le monde économique, à la fois pragmatique et consensuel...

Cette préférence pour la démocratie sociale vient aussi du fait que j'ai négocié pendant 40 ans, et toujours avec plaisir : je n'ai jamais considéré cet aspect de mon métier comme un « jeu » ou une contrainte, comme on le dit trop souvent. J'ai bien sûr fait quelques sorties théâtrales, j'en ai usé, parfois abusé, j'ai feint la rupture, j'ai appris les trucs et les astuces inhérents à l'exercice, mais j'ai toujours respecté et appliqué les préceptes d'une négociation réussie. En 40 ans de carrière, entre les années 1970 et 2010, j'ai vu évoluer les thèmes sur lesquels portaient les négociations, reflets des enjeux de la société au cours des différentes époques. Dans les années 1970, certes époque de la première crise pétrolière, mais aussi du plein emploi, nos négociations portaient pour l'essentiel sur les salaires, la sécurité au travail (il y avait un nombre effarant d'accidents du travail), et sur le règlement des conflits du travail. En effet, les débrayages et grèves parfois dures étaient monnaie courante à cette époque, où l'environnement économique et productif était moins anxiogène.

Dans les années 1980-1990, les thèmes ont évolué : nous avons eu à négocier de nombreuses restructurations, des plans de reconversion, ainsi que les classifications, retraite, prévoyance, l'évolution de carrière ou l'épargne salariale, les participations, l'intéressement. Plus techniques, mais aussi plus tournés vers l'individu que vers le groupe, ces thèmes témoignent, en creux, d'un durcissement du monde du travail, et de la fin du plein emploi.

Dans les années 2000, de nouveaux thèmes, plus sociétaux, sont venus se greffer aux thèmes des années 1990 : égalité hommes/femmes, diversité, responsabilité sociale d'entreprise… Enfin, on voit aujourd'hui apparaître de nouvelles thématiques, telle l'amélioration de la compétitivité, par tous et pour tous dans l'entreprise et son écosystème.

DE L'IMPORTANCE DU PLAN DE TABLE ET D'UN BON REPAS POUR GAGNER UNE NÉGOCIATION

Quelle que soit l'époque, quels que soient les interlocuteurs, quels que soient les enjeux, on ne peut comprendre une négociation, et ce qui s'y joue, que si l'on en cerne bien l'environnement au préalable : le thème de la négociation est-il un sujet majeur pour certaines organisations ? Comment les organisations syndicales se positionnent-elles entre elles, dans l'entreprise ou à l'échelon national ? Est-on en période d'élections, nationales ou dans l'entreprise ? Existe-t-il des conflits de leader ? Y a-t-il des problèmes de représentativité ? etc. Ces questions sont fondamentales, et tout DRH doit se les poser en permanence car elles conditionnent en grande partie la capacité à négocier des organisations. Ainsi, les conflits nationaux actuels entre CFDT et CGT ont certainement eu une grande influence sur l'Accord national interprofessionnel ; de même, le positionnement de Madame Parisot – qui souhaitait se présenter pour un troisième mandat à la tête du MEDEF et modifier les statuts – a certainement pesé sur le positionnement du Medef lors de ces négociations et sur leur issue.

Bien cerner l'environnement social de l'entreprise constitue donc un prérequis incontournable, et c'est une activité permanente : rien n'est plus changeant que les rapports de force et les relations humaines, et il faut donc constamment affiner et rafraîchir sa perception de la personnalité, des enjeux et du programme de chacun des protagonistes.

Pour ce faire, il est vital de rencontrer régulièrement les délégués syndicaux, de sonder leurs intentions, de cerner leurs marges de manœuvre et d'entamer la préparation de la négociation souvent bien avant son ouverture officielle. C'est ce que l'on appelle « le travail de couloir » : il s'agit d'éviter de poser des préalables qui bloquent la négociation, mais bien plutôt de dissiper les malentendus, d'apprendre à se connaître, de découvrir et de faire apparaître des intérêts communs et convergents qui permettront de poser la base d'un accord.

C'est à partir de ce moment, dans les préliminaires de la négociation, que le DRH doit déployer une capacité à se mettre à la place de son interlocuteur, afin de faire émerger, avec lui, une ébauche de solutions. Cela implique de s'informer sur les autres et de se mettre en retrait : nous avons tous, toujours, une idée préconçue de ce que l'on imagine être la meilleure solution pour tout le monde, mais elle s'avère, en règle générale, très faible par rapport au fruit d'un travail en commun. C'est la partie la plus pure du travail, où l'on rencontre séparément les différents syndicats, où l'on s'isole et où l'on prend du recul afin de cerner ce sur quoi l'on peut s'entendre et ce que l'on peut faire ensemble. De ces échanges, parfois rugueux, souvent très conviviaux, sont sorties des pistes ou des solutions auxquelles personne n'avait pensé, et cela reste toujours un bon souvenir ! Mais il ne faut pas non plus être dupe : tout le monde ne se livre pas toujours totalement… Tout l'enjeu, face à une situation et un interlocuteur qui semblent bloqués, reste d'identifier une porte entrebâillée, et d'innover dans ses propositions.

J'ai la réputation d'être plus intuitif qu'intellectuel, et c'est vrai : je sens des choses, que je mets ensuite plus de temps à conceptualiser et à verbaliser. Et, sur un terrain aussi mouvant et plein de pièges que celui des relations sociales, cela m'a grandement aidé : parler trop vite est un grave défaut lorsque l'on est DRH… Ce qui ne signifie pas qu'il ne faille rien dire.

Vient ensuite le moment de la négociation proprement dite, vite caricaturée en grand-messe par certains. Et il est vrai que lorsqu'il y a en moyenne quatre délégués par syndicats, et sept syndicats, comme c'était le cas à la BPCE, ainsi que quatre membres de la direction des ressources humaines, on arrive rapidement à plus de 30 personnes autour de la table… Ceux qui parlent de « grand-messe » n'ont d'ailleurs pas totalement tort puisque certains éléments tiennent effectivement du rite ! Ainsi, les déclarations de chaque organisation syndicale, pendant une dizaine de minutes chacune, ressemblent fortement à un credo. Cela prend environ une heure, le ton passe du solennel au prosaïque, mais cette étape a son importance : c'est un tour de chauffe qui permet à chacun de se mettre en train. Il faut savoir écouter et entendre les sous-textes, car ces déclarations permettent à chaque syndicat de marquer son territoire, et de se positionner par rapport à ses homologues (et néanmoins rivaux !).

C'est d'ailleurs là un enjeu pour de nombreux syndicalistes : en prenant la parole en premier, on a le champ libre pour radicaliser les positions dès l'origine et amener les autres organisations à devoir surenchérir ! SUD, à la BPCE, FO chez PSA ou la CGT chez Elf étaient particulièrement habiles à cet exercice… Le positionnement des organisations autour de la table, également, n'est pas innocent, et je veillais au « plan de table ». En effet, l'organisation qui fait face à la délégation « patronale » bénéficie d'un avantage logistique. Tous les syndicalistes apprennent ces bases dans leurs cours de formation syndicale, et c'est donc un jeu connu et accepté de tous.

Une fois le tour de chauffe effectué, on peut alors rentrer dans le vif de la négociation, qui peut durer quelques heures, une après-midi, voire une journée, en fonction des enjeux et des tactiques : j'ai ainsi le souvenir d'une négociation particulièrement dure et éprouvante chez Sanofi pendant laquelle les délégués m'avaient maintenu à la table des négociations de 14 heures jusqu'au milieu de la nuit. J'ai ensuite appris qu'ils avaient tous pris un déjeuner consistant avant 14 heures afin de pouvoir jouer l'usure. Aussi trivial qu'il puisse paraître, un tel détail joue nécessairement sur le cours des négociations et leur procurait à tout le moins un avantage physiologique ! Dans le même ordre d'idées, mais avec un happy end, j'ai aussi le souvenir d'une négociation longue et acharnée avec des ténors de la visite médicale, qui s'était soldée quelques heures après, également autour d'une table et tard dans la nuit, mais au Pied de Cochon ! Nous y avons dignement célébré notre âpre combat... sans victimes.

Les tactiques employées pour impressionner l'adversaire lors des négociations sont anciennes et connues de tous, mais elles fonctionnent toujours car elles jouent sur l'intimidation et font résonner les peurs et les réflexes ancestraux. Les fumigènes et les cornes de brume restent les mêmes dans les manifestations, car ils remplissent toujours leur office : galvaniser et mobiliser les foules. Pour ma part, j'ai connu plusieurs baptêmes du feu, et plusieurs occasions de tension, telles des séquestrations soft ou des invasions de la tour Elf (aujourd'hui Total), où 1 000 chimistes d'Atochem venaient scander des slogans avec pétards et grosses caisses, autour de la salle des négociations ! Dans ces moments, il ne faut pas céder à la provocation et ne rien dire qui pourrait envenimer la situation – ni rien promettre ou accepter sous le coup de l'émotion, bien évidemment ! Autant il est facile pour une organisation syndicale de revenir sur certaines de ses propositions, autant il est difficile pour une direction de reculer et de revenir sur ses engagements. C'est un reniement, et le respect que l'on inspire baisse à chaque fois… alors qu'il reste intact lorsque l'on ose refuser de manière claire et nette (mais cela n'empêche pas qu'il faille aussi savoir dire oui !). Je considère que l'on ne peut être respecté par nos interlocuteurs que lorsque la parole donnée vaut contrat, et c'est bien évidemment une règle d'or, lorsque l'on négocie, pour conserver sa crédibilité.

BLUFFS, INTIMIDATIONS, SORTIES THÉÂTRALES : LA COMMEDIA DELL'ARTE EN ENTREPRISE

Il ne faut pas perdre de vue que, si la négociation n'est pas un jeu, elle n'en garde pas moins une dimension théâtrale, avec de brusques envolées et des respirations, les suspensions de séance qui permettent aux syndicats de se renseigner auprès de leur confédération, d'analyser en détail une nouvelle proposition, de « resserrer les boulons », pour simplement éviter que certains ne s'engagent trop vite. Lors des négociations salariales, je me servais de longues suspensions de séance – jusqu'à une heure – pour laisser croire que les discussions étaient ardues de mon côté, et pour les laisser « mariner » un peu. Je revenais ensuite avec une proposition qui avait été envisagée précédemment. Mais je pense que personne n'était dupe…

Au plan général, lors de négociations tendues, s'il ne faut pas céder à l'émotion, il ne faut pas non plus faire semblant : la pression est la même pour tous les participants, des deux côtés de la barrière, et il ne sert à rien de l'ignorer. Par ailleurs, on est également garant et responsable, lorsque l'on est dirigeant, du bon déroulement de la vie de l'entreprise. Je me souviens ainsi d'une manifestation « des Béarnais » devant la tour Elf que Philippe Jaffré, le PDG de l'époque, avait fait contenir par plusieurs cordons de gardes mobiles. J'avais alors pris l'initiative, en désobéissant, de faire couper ces cordons qui créaient un grand malaise chez ceux qui avaient décidé de travailler… Le sentiment de passer pour des « jaunes ».

À propos de « jaunes », je ne peux que penser à ces syndicalistes aux ordres de la direction et briseurs de grève que je n'ai jamais portés dans mon cœur. Nous avons d'ailleurs, avec Jean-Martin Folz, fait disparaître la CSL, le syndicat jaune historique de Citroën et de Talbot à Poissy, peu de temps après mon arrivée. Ce syndicat, soutenu par les directions intérieures, « cassait » du FO et surtout de la CGT à longueur de journée, créant une atmosphère exécrable au plan des relations sociales, émaillées de violences quotidiennes… Il est vite apparu, à Jean-Martin Folz et à moi-même, que la Direction n'avait nul besoin d'un syndicat maison : elle avait l'encadrement pour remplir ce rôle de lien avec les salariés.

Cela étant dit, et pour revenir au sujet qui nous occupe, pour éviter que les situations borderline ne dérapent, comme lors des envahissements ou des séquestrations, il est vital que les leaders syndicaux tiennent leurs troupes, car eux seuls peuvent éviter les débordements. C'est pour cela qu'il ne faut jamais refuser de rencontrer une délégation, de l'écouter longuement, elle fera ensuite un compte rendu. Cela nécessite une petite mise en scène, avec des temps savamment découpés, à savoir : 20 minutes pour composer la délégation, 10 minutes pour trouver la salle (que l'on avait bien sûr réservée la veille !), et enfin entre une demi-heure et une heure d'écoute de la délégation. Moins, cela serait le signe d'un manque de reconnaissance de la part des interlocuteurs de la Direction et plus, les manifestants restés devant la porte commenceraient à s'impatienter. Dans ces moments tendus, malgré la carapace que l'expérience forge, j'ai souvent remercié le ciel d'avoir conservé mon accent méridional et ma facilité d'abord. Même si j'étais clairement identifié comme DRH, le dialogue n'était pas contraint ou empêché par des considérations de classe, bien vivantes dans l'esprit des marxistes intégristes… et des nantis.

Les syndicats que j'ai connus m'ont souvent reproché d'imposer un calendrier social chargé. Il est vrai que j'ai tenu une dizaine de négociations par an, sur un grand nombre de sujets : diversité, classifications, salaires, retraite, harmonisation des primes, responsabilité sociale d'entreprise… En réalité, ce calendrier était également chargé pour nous. Mais ces moments de négociations et d'échanges me permettaient deux choses : tout d'abord, je conservais un coup d'avance par rapport aux syndicats, mais surtout par rapport à nos concurrents… car il ne faut pas perdre de vue qu'un bon climat social est également facteur de performance économique. Enfin, ces négociations me permettaient de rester en prise avec le climat social de l'entreprise, car mes interlocuteurs m'en parlaient forcément, et d'une manière plus objective, moins engagée que si je les avais questionnés frontalement sur le sujet.

En outre, dans ma conception du métier de DRH, la Direction doit toujours être force de propositions, avec de nouveaux textes en permanence à proposer aux syndicats. D'une part, cela évite de se retrouver en position de faiblesse, et de devoir ensuite passer pour rétrograde face à des syndicats modernistes. D'autre part, s'il faut proposer en permanence, il ne faut pas systématiquement rechercher la signature, la finalité n'étant pas de « tordre le bras » aux syndicats pour signer à tout prix – même si une négociation aboutie, pour laquelle la majorité des interlocuteurs signe, constitue une belle réussite pour un DRH.

DE L'IMPORTANCE DU COUP D'AVANCE

L'important, en l'espèce, reste que les salariés qui se voient appliquer une proposition ne soient pas rendus mécontents au point d'aller au conflit. Aujourd'hui, mais peut-être est-ce un effet de ma nouvelle sagesse, j'ai tendance à considérer qu'une négociation est réussie lorsqu'elle est gagnante/gagnante. Pendant longtemps, seuls les droits des salariés avaient droit de cité dans les négociations, et jamais l'intérêt de l'entreprise, l'intérêt commun, ne rentrait en ligne de compte. La situation a commencé à évoluer sur ce plan depuis quelques années, grâce notamment à l'arrivée de la RSE, qui considère l'entreprise comme étant au cœur de son écosystème de parties prenantes, et je persiste à croire que c'est une bonne évolution.

Enfin, une fois la négociation terminée, il reste un point qui n'est pas un détail : comment faire connaître l'issue de la négociation aux collaborateurs ? Et qui y parvien-

dra le premier ? Auparavant, les syndicats, qui tractaient
à l'entrée des sites, avaient une heure, voire une journée
d'avance sur la Direction, ce qui leur permettait d'orienter les réactions en premier… Aujourd'hui, les message-
ries d'entreprise et les flashs infos instantanés permettent
de pallier cette asymétrie, mais il est très important de
garder la main, et d'associer l'entreprise aux décisions.
D'autant plus que l'on a tendance à s'isoler dans la négociation, et à faire abstraction du monde extérieur – pour
lequel on travaille, pourtant ! L'importance de la communication, aussi bien dans la phase post-négociation
que dans la négociation elle-même, est un levier que les
organisations syndicales savent bien utiliser. Au demeurant, il convient souvent de communiquer sur les enjeux
avant la négociation pour amener les salariés à mieux
comprendre les tenants et les aboutissants des accords par
la suite.

J'ai toujours prôné le dialogue social, tous azimuts, sur
tous les thèmes. Tous les sujets peuvent être abordés avec
les partenaires sociaux : stratégie, redistribution des profits, RSE, diversité, stress et RPS, gouvernance, etc. C'est
comme cela que les organisations progressent, en s'enri-
chissant des idées et des approches des autres, en étant
amené à réfléchir à des sujets nouveaux. La flexibilité,
l'adaptabilité ne viennent qu'en cultivant son ouverture
d'esprit. C'est d'autant plus vrai aujourd'hui, en cette
époque de « financiarisation », où l'entreprise a tendance
à se déshumaniser…

Fidèle à ce principe, j'ai rencontré un certain nombre de
succès dans mes différents groupes, tout au long de ma
carrière. Les discussions, les confrontations, les échanges
nous ont permis d'être précurseurs dans de nombreux

domaines, de donner ce fameux « sens » au travail, que l'on perd si souvent aujourd'hui, et j'en tire un peu de fierté.

QUELQUES SUCCÈS, ET UN ÉCHEC : FLASHBACK

Mon seul véritable échec en matière de dialogue social a eu lieu au sein du réseau Caisse d'Épargne. Lorsque je suis arrivé mi-2009, à l'occasion du rapprochement avec les Banques Populaires, j'ai eu la surprise de trouver plus de 5 000 contentieux individuels en cours, opposant salariés et employeurs ! Ils portaient sur des modalités de calcul de plusieurs primes issues d'accords dénoncés en 2002 (ancienneté, vacances, variable), et leur identification sur le bulletin de paie en tant qu'avantage individuel acquis (et non intégré dans le salaire). Les salariés ont obtenu gain de cause sur l'ensemble et plusieurs dizaines de millions d'euros ont ainsi été mobilisés pour indemniser un prétendu préjudice lié à la « relecture biaisée » d'accords dénoncés et disparus.

Mais les organisations syndicales n'en sont pas restées là ! Dès le quatrième trimestre 2009, de nouveaux contentieux ont fait leur apparition, portant cette fois sur deux nouveaux points : en premier lieu, le prétendu non-respect des salaires minimaux au prétexte que les nouvelles lignes « Avantages individuels acquis » ne pouvaient être prises en compte dans l'évaluation du salaire pour s'assurer qu'ils étaient bien supérieur aux minima ; par ailleurs, elles réclamaient un treizième mois spécifique pour les anciens, en sus de celui que percevait l'ensemble des collaborateurs. J'arrête ici sur la « technique », qui est importante pour comprendre la problématique et les enjeux.

Début 2010, j'ai proposé aux organisations syndicales de tenter de régler ces différends par voie conventionnelle, plutôt que devant la justice. Je leur ai proposé un moratoire de six mois pendant lequel les organisations syndicales suspendaient ou décalaient leur soutien aux salariés qui engageaient ou voulaient engager une action devant les juges. Après des semaines d'échanges et de débats, cinq des sept organisations représentatives ont refusé le dialogue, préférant le bras de fer judiciaire avec leur employeur.

Quelque peu désabusé, et à regrets, nous avons alors, avec Virginie Oget, organisé une défense coordonnée, en faisant travailler en commun les défenseurs des 18 Caisses d'Épargne, soit une quarantaine d'avocats, ainsi que des cabinets Flichy et Barthélémy, que nous avions retenus sur ce dossier. J'ai pu constater que ces professionnels du droit, souvent concurrents, voire parfois opposés, n'ont pas l'habitude de cette mutualisation des idées, des analyses, ou des retours d'audience…

Ce fut en tout cas profitable puisque la Cour de cassation, par une décision du 24 avril 2013, a confirmé le bien-fondé de la position des Caisses d'Épargne quant au 13e mois et au respect de la rémunération annuelle minimum. C'est donc une victoire, *a priori*, mais elle me laisse un goût amer et le sentiment d'un beau gâchis ! La voie du dialogue aurait certainement été meilleure pour le climat, mois onéreuse, et peut-être plus bénéfique pour les salariés.

Puisque je suis dans l'anecdote, je peux citer une démarche analogue en 2011, mais cette fois avec les dirigeants des Caisses d'Épargne. Pour détendre l'atmosphère, redonner du sens à la convention collective et aux négociations obligatoires, j'ai proposé de négocier sur l'évolution de carrière des employés et techniciens. Un groupe de travail avait préparé le dossier, nous avions eu des échanges avec les DRH des Caisses : le projet était ficelé. C'est alors que je me suis heurté (encore !) à une opposition frontale, mais cette fois-ci de la part des présidents de directoires, totalement opposés à l'idée même d'une négociation. Certains y étaient plus ou moins favorables, avec quelques bémols plus ou moins importants sur les modalités, mais d'autres proposaient de dénoncer les accords : visiblement, l'expérience et le coût des accords dénoncés de 2002 n'avaient pas encore suffi !

Quelle conclusion tirer de ces deux échecs successifs, auprès des deux bords du dialogue social ? Tout simplement qu'il est très difficile de changer rapidement une culture, des modes de relation, ancrés depuis des décennies… C'est ainsi, certains préfèrent la confrontation – parfois non exempte de compromission – à la concertation. Il faudra bien des efforts pour parvenir à faire bouger les lignes, et à sortir de cette approche « Germinal » des relations sociales !

QUELQUES PISTES DE RÉFLEXION, EN GUISE DE CONCLUSION

Je ne peux terminer ce chapitre sans proposer quelques réflexions qui, à mon sens, pourraient venir améliorer l'état des relations sociales en France. On a coutume de dire que le dialogue social et la négociation produisent du sens pour les employeurs, et valorise le rôle des organisations sociales auprès des salariés. Alors pourquoi n'y en a-t-il pas plus ? Pourquoi ne pas ouvrir les thèmes de la RSE – environnement, sous-traitance, développement international, partage des profits, etc. à la négociation ? La stratégie industrielle ne pourrait-elle pas être négociée plutôt qu'être subie par les collaborateurs sans réelles explications ?

Deuxième point à améliorer : le nombre d'instances. Dans un grand groupe, le Comité européen, le Comité de groupe, le CCE, les CE, les DP et le CHSCT cohabitent tant bien que mal et traitent pour l'essentiel des mêmes sujets avec les mêmes interlocuteurs… Il semblerait opportun de simplifier ces instances et d'envisager, au moins au niveau de l'établissement, le concept d'instance unique.

Le problème du financement des organisations syndicales se posera également un jour ou l'autre. Autant on a rendu plus transparent le financement des partis politiques, autant on n'a pas encore ouvert ce chantier pourtant urgent : de nombreuses dérives sont tolérées, et l'on sait que les OPCA, certains organismes de formation, les caisses de retraite, les mutuelles, les œuvres sociales, procèdent à la collecte d'une sorte d'impôt révolutionnaire… sans parler des versements destinés à « fluidifier les rapports sociaux », comme cela avait été élégamment dit par M. Gautier-Sauvagnac. Il serait urgent d'aller vers plus de transparence, par exemple avec un « chèque syndical », comme l'avait proposé Claude Bébéar, au montant calculé en fonction de l'audience et des résultats de chaque organisation syndicale. De même, et dans un souci de justice et d'équité, il faudrait traiter, de façon claire et pérenne, la représentativité et le financement… des organisations patronales.

Chapitre 3

Le management, ses méthodes et ses dérives

Les structures, les hommes, le travail, le capital : comment peut-on ne pas être marxiste ?

« CŒUR ET COURAGE »

Lors du premier cycle de l'Institut supérieur de management du groupe PSA Peugeot Citroën, structure interne de la DRH dédiée à la formation des futurs dirigeants, j'avais quelque peu désarçonné mon auditoire lorsque j'avais répondu « cœur et courage » à la question – attendue – sur les qualités que je considérais comme essentielles à un bon manager. 17 ans après, Cyrille et Jean-Philippe, deux de mes plus fidèles et brillants collaborateurs, m'en reparlent encore, tant mon auditoire de jeunes cadres dynamiques en était resté coi. Ma formule était-elle trop « chevaleresque » ? Ou avais-je employé une tournure plus « rugbystique » ? Quoiqu'il en soit, aujourd'hui encore je persiste et je signe. Même s'il est évident qu'un manager doit posséder des aptitudes intellectuelles au-dessus de la moyenne, c'est son cœur et son courage qui feront la différence.

Il faut du cœur, car tout l'enjeu est de comprendre la sensibilité de chacun des collaborateurs, d'être à leur écoute, de les supporter au sens anglo-saxon, de s'intéresser à eux, de ménager les susceptibilités, et de les aider dans les difficultés…

Il faut du courage, car l'enjeu est de parler vrai, de défendre son équipe, d'être en première ligne face aux difficultés. Après tout, c'est également la définition d'un bon père de famille, et un bon manager n'en est pas si éloigné. Étymologiquement, d'ailleurs, manager, c'est l'art de gérer les affaires domestiques et le ménage de manière judicieuse. Une deuxième définition communément admise fait ressortir le verbe du vieux français *manéger*, c'est-à-dire faire tourner les chevaux au manège, mais je n'ai jamais considéré mes collaborateurs comme des bourriques ; je préfère donc la première.

C'est de cette approche que découle le vrai leadership, en tant que capacité à fédérer et à mobiliser les énergies autour d'une action collective, à se rendre capable de contribuer à l'efficacité et au succès de l'organisation dont on est membre. Tout le reste n'est pour moi que littérature !

J'ai bien conscience que ma vision du management peut paraître quelque peu simpliste, mais après tout, je ne suis ni un gourou, ni un théoricien du management. J'ai juste une conviction à laquelle je me suis toujours tenu : les salariés ont des capacités et du goût pour le travail, et l'envie de s'impliquer dans les projets de l'entreprise. C'est la vision Y de Douglas Mac Gregor, et c'est également le fruit de 43 ans de carrière dans l'industrie et le secteur bancaire : j'ai effectué certains constats, les ai validés ensuite de manière empirique, puis ils sont devenus des convictions.

Ainsi, je sais désormais qu'il n'y a pas un style de management meilleur que les autres ni de manager idéal. On est tour à tour autoritaire, paternaliste, consultatif, participatif en fonction, d'une part, du profil de chaque collaborateur et, d'autre part, des circonstances et des projets à réaliser. Certains collaborateurs ont besoin d'un patron autoritaire donnant des consignes et des directives. D'autres ont besoin d'un supérieur « délégatif », qui définit les missions et la marche à suivre, et qui leur laisse ensuite une certaine marge d'autonomie dans la conduite des opérations. Ensuite, on adapte son style en fonction des projets, des missions, de leurs contenus et de leur environnement. Lorsque l'on doit par exemple mettre en œuvre la restructuration d'un site industriel, il s'avérera nécessaire d'être tour à tour – voire à la fois – consultatif et participatif afin de mobiliser et d'encourager le travail des équipes.

J'ai connu des patrons qui avaient un style quelque peu directif et qui ont réussi : Claude Satinet, par exemple, patron de la marque Citroën, était rien moins qu'autoritaire, mais cela ne l'empêchait pas d'être efficace, ni d'être admiré, voire aimé de ses troupes. *A contrario*, j'ai également pu voir œuvrer certains de mes collègues, dont je ne citerai pas les noms, très délégatifs et participatifs, qui obtenaient des résultats déplorables…

Pour conclure ce premier constat, je reste intimement convaincu que c'est à partir de la relation interpersonnelle que s'installe et que s'opère le mode de management : cette relation manager/collaborateur est la seule qui vaille, et il n'y en a pas deux identiques.

Comment devient-on manager ?

Ceci m'amène à mon deuxième constat, ou ma participation à cette question fondamentale : apprend-on à devenir manager ? Et y a-t-il des outils du manager ? J'ai la conviction que certains ont des qualités innées, ou ont été formés – d'aucuns diraient conditionnés –, par leur éducation, leur expérience, puis par leurs patrons respectifs. On retrouve toujours de l'un chez l'autre entre un patron et son dauphin, et le mimétisme joue souvent à plein.

Au-delà de ces cas relativement exceptionnels, on apprend et on progresse dans le management en pratiquant. René Sautier et Jean-François Dehecq, les deux patrons qui m'ont mis le pied à l'étrier – et l'expression tombe ici tout à fait à propos – m'ont appris ceci : la mise en situation est la meilleure des écoles. On prend des coups, on essuie des échecs, on a aussi des réussites, mais c'est comme cela que l'on se construit, dans l'apprentissage de la vie comme dans l'apprentissage du management.

Que penser alors des stages ou des séminaires de formation au management ? Tout d'abord, qu'ils n'apportent rien, à part faire la fortune de quelques organisateurs ! J'ai connu des dizaines de ces cadres – pas très bons – que l'on envoyait pendant une semaine apprendre les « secrets » du management… Ils essayaient ensuite de mettre en application ce qu'on leur avait inculqué, pendant les quelques jours qui suivaient leur retour. J'ai ainsi le souvenir d'une pharmacienne qui, pendant toute une journée, a reformulé ce que lui disaient ses collaborateurs. Panique à bord ! C'était la risée de l'entreprise… mais le naturel a vite repris le dessus. Pour conclure, une dernière remarque de pur bon sens : ces stages et séminaires intègrent tous de nombreux jeux de rôle : c'est bien la preuve que la mise en situation et la pratique restent la meilleure formation !

Enfin, voici mon troisième et dernier constat, en forme d'évidence, mais d'une importance capitale : on manage des personnes avec des styles et des comportements différents, et c'est la diversité d'une équipe qui lui procure sa richesse et son efficacité. Un patron qui s'entoure de clones, ou de personnalités effacées, est voué à l'échec. Ce sera un échec diffus et indolore car il aura la vie facile, ne sera ni contredit ni remis en cause, mais il perdra en efficacité. Le bon manager, c'est celui qui doit rendre possible l'expression de la diversité, en régulant, en animant, et en veillant au respect de chacun et des limites à ne pas franchir. Enfin, c'est lui qui décide, en dernier ressort !

JUSQU'OÙ PEUT-ON APPLIQUER LES SYSTÈMES DE MANAGEMENT ?

Le fait que je ne me pose pas en théoricien du management ne m'empêche pas de vivre dans mon siècle, et j'ai été aux premières loges pour assister aux évolutions du monde du travail et des organisations, promouvoir celles qui me semblaient bonnes, et combattre ce que j'ai considéré comme des déviances des nouveaux modèles qui s'imposent peu à peu. Depuis maintenant deux décennies, nous vivons une transformation en profondeur de nos entreprises et de nos organisations, entraînée par plusieurs facteurs : les crises, la mondialisation des marchés et de la main-d'œuvre, l'augmentation des prix des matières premières, la fiscalité, la baisse des marges… Tous ces facteurs engendrent un processus continu de restructurations et de réorganisations, ponctué de phases de transition, souvent assez brèves. On pressent et on voit tout cela, mais les conséquences de ces processus sur la qualité du travail, les risques professionnels, l'équilibre des collaborateurs et de l'organisation, voire sur le sens du travail en général, sont encore difficilement mesurées.

On a assisté à des innovations organisationnelles de diverses formes – les groupes projets, le « juste-à-temps », la démarche qualité, ou encore l'arrivée des TIC ou du lean management – qui sont venues apporter un souffle nouveau dans les organisations, et qui ont décuplé la productivité de chacun. Mais elles ont aussi induit une nouvelle pression sur les délais : selon une enquête de la DARES, 48 % des salariés déclarent devoir se dépêcher en permanence au travail ; 53 % affirment que le rythme est imposé par une demande extérieure à satisfaire immédiatement ; et enfin 42 % disent recevoir des ordres ou des indications contradictoires. Ces changements permanents, ces transformations en continu induisent des risques et un sentiment d'incertitude, sans doute à l'origine de l'accroissement du stress et des risques psychosociaux.

C'est un truisme de rappeler que l'organisation du travail et les modes de management sont des données fondamentales pour garantir de bonnes conditions de travail à l'ensemble des collaborateurs. Or, les évolutions précitées ne vont pas exactement dans le sens de la protection de la santé au travail. Aujourd'hui, un consensus s'établit dans la communauté des chercheurs pour désigner les nouveaux modes de management et d'organisation comme nouvelles causes de pénibilité du travail, venant ainsi remplacer les facteurs matériels. Le développement des externalisations, la pénétration de la logique client au cœur de l'entreprise, la compétition généralisée entre équipes et entre salariés… tous ces nouveaux modes de pensée et d'organisation au cœur de l'entreprise ne vont pas, à mon sens, sans composantes pathogènes. Il est impératif de garder une question présente à l'esprit : de quelles ressources dispose l'individu pour garder le contrôle de son activité ?

Par ailleurs, certains pensent, et le débat est ouvert, qu'une organisation ne peut fonctionner sans une part de « gras », des pauses et des temps qui permettent l'échange, l'initiative, la coopération, l'ingéniosité… Or, la fragmentation des équipes, la tendance à l'individualisation et la course au résultat financier ont pour dommage collatéral de fragiliser les collectifs et de réduire ces respirations pourtant indispensables. Mathieu Detchessahar, qui coordonne un projet de recherche sur le sujet, vise à mettre au jour des modes de management et d'organisation soutenables au regard des questions de santé des salariés. Il déclare ainsi : « Le débat sur la qualité du travail est nécessaire, mais il suppose une ingénierie des espaces de discussion, où le manager doit être présent ». Et son constat est sans appel : « Le problème aujourd'hui est l'absence du manager, qui n'est pas dans la régulation du travail, mais dans le reporting et la réunionnite ». Aujourd'hui, le salarié, immergé dans un collectif fragilisé, ne trouve pas toujours le soutien organisationnel dont il aurait besoin. Son manager, absorbé par des activités de reporting, lui-même sous la pression d'objectifs chiffrés à atteindre, n'assure plus les activités de régulation, de soutien des collaborateurs. Ces lacunes menacent la santé des salariés, et la performance de l'entreprise.

LES DÉRIVES DU MANAGEMENT : DEUX EXEMPLES

À ce stade, je souhaiterais aborder deux exemples concrets de dérive de modes de management qui se développent dans les entreprises et les organisations : le management par objectifs, et la pratique du benchmark envisagée comme un mode de management. Il ne s'agit pas ici de rejeter des approches en bloc, mais de réfléchir sur leur utilisation, et sur leur impact sur la santé des salariés.

Le management par objectif – ou direction par objectif (DPO) – a été initié dans les années 1950 par Peter Drucker à partir d'études effectuées chez General Electric. La direction par objectif vise à élargir les vues d'un collaborateur au lieu de l'enfermer dans la seule exécution des tâches. Elle a été développée en France par Octave Gélinier (directeur général de la Cegos) et a pris aussi le nom de DPPO, le deuxième « P » signifiant « participatif ». À l'origine, rien que de très rationnel que de fixer des objectifs à un collaborateur ; citons Sun Tzu et l'un de ses fameux truismes : « Celui qui n'a pas d'objectifs ne risque pas de les atteindre ».

Le management par objectif amène une négociation/ concertation portant sur la nature et le niveau des objectifs à atteindre, mais aussi et surtout sur les méthodes pour y parvenir, avec des objectifs chiffrés de manière intelligente et collective. Il est fondé sur un principe simple : si la personne qui va assumer la réalisation a participé à sa définition, elle le prendra mieux à son compte. Participer à la définition stimule la motivation et multiplie les chances de réussite.

On a relevé des critiques dès le départ sur la méthode, en particulier celle de Myron Tribus : la performance d'un

salarié ne peut être résumée par les seuls indicateurs chiffrés qui engendrent une philosophie dénaturée. Ce qui
est le cas dans de nombreuses entreprises d'aujourd'hui,
où le management fixe des objectifs sans concertation,
en négligeant d'articuler le temps du marché et celui de
l'organisation, ignorant ainsi – et parfois délibérément –
les difficultés rencontrées par les collaborateurs, et ne dis-
cutant plus les modalités, les méthodes et les moyens pour
parvenir à l'objectif.

Excès de paperasserie, survalorisation des objectifs quan-
titatifs, plus qu'ambitieux, souvent inaccessibles, absence
de concertation, objectifs qui tombent du haut (*top down*)
sans explications, etc. On ne parle désormais plus du
« comment faire », alors que c'est une donnée primordiale
pour le salarié. En effet, si certains salariés se satisfont de
cette autonomie dans la réalisation, beaucoup sont perdus
et ne voient plus « comment » ils vont y arriver. C'est bien
parce qu'ils ne peuvent plus en parler…

On a vu suffisamment de cas malheureusement tragiques
ces derniers mois pour en tirer une conclusion : la place
du manager est également aux côtés de ses collaborateurs,
dans un rôle de régulation et de soutien. Le management
de proximité, pris lui aussi par le reporting et l'accumu-
lation des tâches, n'assume plus son rôle de support ou
de soutien. Ce n'est pas le mode de management qui est
en cause mais sa dérive, en partie causée par la pression
de l'urgence. Et je ne parle même pas des changements
d'objectifs en cours d'année…

Autre pratique dont je condamne les dérives : le benchmark ou étalonnage, qui consiste à analyser les techniques
et les modes d'organisation des autres entreprises afin de
s'en inspirer et d'en retirer le meilleur. S'inspirer de ce

que font les autres est vieux comme le monde. Nous-mêmes, nous évitons de réinventer la roue, l'eau tiède ou le fil à couper le beurre. Plus sérieusement, cette méthode s'applique dans divers domaines tels que les délais, la qualité, les profits, la rentabilité. On se compare toujours par rapport aux entreprises les plus performantes qui ont le mieux réussi dans le domaine, les fameux « best-in-class ». C'est Xéros, dans les années 1960, qui avait établi le premier benchmark sur la gestion des stocks. Beaucoup d'entreprises ont repris cette méthodologie, en particulier dans l'industrie automobile pour laquelle Toyota a été et est toujours le « benchmark » en matière de production. Au fil des années, cette méthode s'est développée en interne pour faciliter la diffusion des connaissances et des bonnes pratiques au sein de l'entreprise : en diffusant les savoirs et les savoir-faire entre les différents services d'une entreprise, on crée un environnement propice à l'innovation et à la recherche de l'excellence.

C'était donc un outil, à l'origine, qui est devenu pour certains un mode de management à part entière, instituant la concurrence entre services et individus, entraînant divers types de pression, de remarques, et de comportements de petits chefs, focalisés sur des micro-objectifs. Cela influe également sur les évaluations et la rémunération. Ainsi, cette dérive s'étend dans différents secteurs où le benchmark a commencé à être appliqué… aux employés eux-mêmes. Ce ne sont plus seulement les unités qui sont comparées entre elles, mais également les performances des salariés. Gare aux moins bien classés : leur Direction se charge de les rappeler vertement à l'ordre !

Cette dérive vient de se voir sérieusement remise en cause par un arrêt du tribunal de grande instance de Lyon, qui a condamné la Caisse d'Épargne Rhône Alpes à revoir son mode de management, considérant que celle-ci avait institué la concurrence entre agences et salariés, un système « source de dégradations des conditions et de l'environnement de travail des salariés, […] générateur de pratiques abusives faisant la performance avant la satisfaction de la clientèle ». Enfin, le tribunal concluait en ces termes : « L'organisation du travail basée sur le benchmark compromet gravement la santé des salariés ». Ce management a été condamné et il reste heureusement un cas isolé. Je peux attester que la plupart des Caisses d'Épargne n'ont pas confondu outils et modes de management.

Que conclure de ces deux exemples ? Tout d'abord, qu'il est plus important que jamais que la fonction RH (ré) investisse le champ du management du travail au quotidien. À l'ère des mutations technologiques et organisationnelles en flux continu, il est vital de penser le travail sous l'angle de la ressource humaine. Deuxième constat : il est impératif, tant pour la santé de l'individu que pour la performance de l'entreprise (les deux étant indissociables), de conserver des parts de « gras », et de laisser des marges de manœuvre à l'encadrement. Si le manager, poussé par ses objectifs, ne peut plus prendre de décisions ou d'initiatives, de quoi et de qui est-il le manager ?

Enfin, il ne faut pas confondre l'outil et le mode de management. On peut s'inspirer des bonnes pratiques, on peut en faire des leviers d'innovation et de motivation, mais il ne faut jamais perdre de vue qu'une organisation est faite d'hommes et de femmes, et qu'un manager est avant tout un homme ou une femme qui aide ses collaborateurs à se réaliser, pour le bien – et la performance – de l'entre-

prise. Cela implique de rester humain, et surtout de ne pas
s'asservir soi-même à ses propres outils… Au demeurant,
je recommande, plutôt que de copier le modèle, de comprendre et de s'adapter.

Chapitre 4

Mes patrons, mes collègues et mes collaborateurs

… et moi, et moi, et moi

J'ai pour principe de toujours travailler avec les personnes que je trouve en arrivant dans un poste. Cela découle de la conviction, que j'ai exprimée ci-dessus, que les salariés ont tous des qualités, des compétences et du goût pour le travail. De ce fait, je n'emmène que peu d'anciens collaborateurs avec moi : Gérard Mathevet m'avait suivi de Sanofi chez Elf, où un poste au sein de la formation était vacant, et un autre m'avait suivi d'Elf chez PSA puis à BPCE. Il s'agit de Thierry Debeneix, qui est certainement le plus grand spécialiste en France des questions de retraite et de prévoyance et, autant chez PSA qu'à la BPCE, personne n'atteignait son niveau alors qu'il y avait des besoins urgents à remettre en cause les systèmes à prestations définies, ou de fusionner des multitudes de systèmes de mutuelles et de retraites. Enfin, Madeleine Fiori a quitté PSA pour me rejoindre à BPCE afin de reprendre le poste, alors vacant, de directrice de la communication interne.

De ce premier principe découle une conséquence logique :
je ne « vire » pas les personnes en poste (à part une fois,
chez Elf). En effet, je considère que si l'on m'appelle, ce
n'est pas pour remplacer tout le monde, mais pour relever
un défi autrement plus stratégique : parvenir à faire travailler tout le monde, ensemble. Ainsi que je l'ai dit plus
haut, c'est la plus noble mission du manager.

J'ai souvenir de collègues qui, lorsqu'ils arrivaient à un
poste, commençaient par licencier tous les collaborateurs
qu'ils trouvaient : ils étaient tous mauvais ! C'était une
démarche très onéreuse, avec des transactions souvent
supérieures à 24 mois de salaire pour les licenciements,
ainsi que des « golden hellos » de trois à six mois pour
les recrutements, et qui prenait beaucoup de temps…
Et au-delà, j'ai souvent constaté que, lorsque le patron
était débarqué, son successeur trouvait ces récents collaborateurs de nouveau tous mauvais. Il fallait donc tous
les renvoyer : éternel recommencement, auquel on assiste
en permanence dans les états-majors des grands groupes
privés et publics, de France et d'ailleurs. Par pudeur, je ne
citerai pas ici les fonctions ou les noms auxquels je pense,
mais ils se reconnaîtront.

L'important, à mes yeux, et la finalité de notre fonction
de DRH, c'est de parvenir à créer un climat de confiance,
puis une bonne relation avec les personnes que l'on
trouve dans sa nouvelle société. Il faut bien sûr quelques
semaines, voire quelques mois, puis, une fois passé ce délai
de défiance bien compréhensible, on peut devenir efficace ensemble. Puisque je parle ici de mes collaborateurs,
qu'il me soit permis de remercier toutes celles et tous
ceux avec qui j'ai passé de grands moments, composés de
beaucoup de réussites, mais aussi de quelques échecs. Sans

eux, je n'aurais rien pu faire, je leur dois mes réussites et ma carrière, et je les remercie à la fin de cette sous-partie.

J'ai une manière de fonctionner très libre, mais qui peut surprendre et désarçonner au début. En effet, je m'affranchis des organisations, je ne tiens pas compte des organigrammes ou des niveaux hiérarchiques, mais je m'appuie sur les compétences pour faire et agir. Ainsi, je vais directement chez un collaborateur N − 3 ou N − 4 sans passer par son supérieur direct, ou je constitue des groupes projets avec des personnes de différents niveaux hiérarchiques. La plupart de mes collaborateurs directs ont d'abord été surpris, puis ont compris mon mode de fonctionnement et n'en ont pas pris ombrage. En effet, ils étaient toujours informés, soit en face-à-face, soit lors des réunions hebdomadaires, soit lors des comités RH, et n'avaient donc pas l'impression d'être court-circuités. Une minorité, toutefois, a mal vécu ce sentiment de ne pas être sur la photo…

J'ai toujours encouragé mes collaborateurs à faire, à concevoir et à réaliser, et essayé de les pousser vers le haut : c'est pour cela que j'ai très peu recouru aux cabinets-conseils. Je préférais que nous construisions nous-mêmes nos projets, économisant ainsi du temps et de l'argent, et développant ainsi de nouvelles compétences et de nouveaux savoir-faire. Tous ceux qui ont travaillé avec moi ont dit apprécier cette manière de faire ! J'appliquais ainsi un principe de base : prendre le meilleur de l'individu pour l'amener vers l'excellence !

Le corollaire de cette approche, c'est que je supporte mal ceux qui ne font pas, ou qui font peu. J'aime les gens qui relèvent les manches, qui mettent les mains dans le cambouis, mais je n'aime pas ceux qui restent au bord de la piscine !

Je suis plus intuitif qu'intellectuel, et je « sens » très vite les choses, ce qui peut arriver, ou les réactions prévisibles de différents groupes ou d'individus. Mon drame, c'est que je ne verbalise pas forcément ce que je pressens. Je conviens que cela peut se révéler assez déroutant, voire désagréable pour mes collaborateurs, qui me trouvent généralement impatient, alors que je n'ai pas pris le temps de formuler mes réflexions. Toujours dans le registre de l'intuitif et de l'instinctif, je travaille en meute, avec des règles du jeu pas toujours explicites, mais avec une relation très affective avec ceux qui font partie du « team ». Les exclus le vivent mal, mais ce n'est pas moi qui exclut, j'embarque tous ceux qui le veulent et qui me reconnaissent comme patron. En revanche, ceux qui cachent la copie, qui se sentent trop supérieurs pour recevoir mes conseils ou mes directives, s'excluent eux-mêmes de l'équipe… J'ai alors tendance à les ignorer, là où d'autres les auraient congédiés : serait-ce une forme de lâcheté ? Et le fonctionnement à l'affectif est-il recommandable ? Ces manières de faire valent ce qu'elles valent, et elles n'ont peut-être pas les honneurs des livres de management, mais en tout cas, c'est ainsi que j'ai fonctionné, et je ne suis bien sûr pas le seul.

Les personnes avec qui cela n'a pas fonctionné sont peu nombreuses, cela concerne trois personnes sur l'ensemble de ma carrière, dont un directeur de la formation chez PSA qui s'est appliqué à m'exclure, s'excluant donc lui-même de la vie de notre Direction et n'ayant pas participé aux chantiers GPEC ou aux négociations des classifications. Sur mon fonctionnement à l'affectif, il ne faut pas se méprendre. En effet, je ne parle pas ici d'amitiés ou d'affinités, au sens où on l'on entend dans la vie « civile ». On ne peut pas réellement avoir d'amis dans le monde de l'entreprise, il y a trop d'intérêts en jeu, trop de compétition. Cela n'empêche pas de se comporter dignement, de passer de bons moments et de pouvoir se regarder dans la glace. En règle générale, j'aime à m'entourer de personnes efficaces, avec qui je ne partirais pas nécessairement en vacances. *A contrario*, j'ai de très bons amis avec qui je passe des moments mémorables, par exemple lors de matchs de rugby, que je n'aurais intégré pour rien au monde dans mes équipes !

Mes patrons, mes amis, mes collaborateurs m'ont reconnu une grande capacité d'écoute, ainsi qu'une bonne résistance aux critiques, même lorsque je fais semblant de ne pas écouter… une ruse de comédien dont j'use et j'abuse, je l'avoue volontiers, et qui m'a beaucoup servi. On me reconnaît d'être loyal et d'avoir une grande intégrité. Ainsi, j'ai toujours été intransigeant sur les questions de harcèlement, je n'ai pas hésité à mettre à la porte *manu militari* des cadres supérieurs lorsque j'ai découvert des pratiques de harcèlement envers des subordonnées. Le fait d'user de son statut de chef pour essayer d'obtenir des faveurs de quelqu'un qui est désarçonné, apeuré, me révulse. J'ai toujours été très sévère envers ces pratiques, et je n'ai jamais envisagé aucun compromis. Aujourd'hui, toutefois, grâce à l'intransigeance de la grande majorité des DRH, ainsi qu'à celle des organisations syndicales qui se montrent également sévères sur le sujet, les cas de harcèlement sexuel ont diminué de manière considérable. En revanche, dans le même temps, le harcèlement moral a considérablement augmenté.

Mon intégrité, ainsi que mon approche impartiale et respectueuse du jeu social, m'ont amené à toujours essayer d'établir des liens de confiance avec les partenaires sociaux. Ainsi, lorsque je suis arrivé chez PSA Peugeot Citroën, étiqueté DRH « de gauche », j'ai trouvé des syndicalistes FO et CGC très méfiants, d'autant plus que ma première action a été de mettre fin aux discriminations à l'encontre de la CGT et de supprimer la CSL, ce syndicat maison. Mettre ainsi un coup de pied dans la fourmilière n'a pas été du goût de tout le monde ! Mais, au fil des mois, tous les syndicats ont pu voir que j'avais la confiance de Jean-Martin Folz, et que mon style direct me rendait accessible. En tissant ainsi des liens de confiance, j'ai toujours pu garder – ou renouer – le contact dans toutes les circonstances, par exemple lors de la grève d'Aulnay-sous-Bois, en 2007, longue de 32 jours. Malgré les blocages et les déclarations de principe, et même si chaque protagoniste semblait arc-bouté sur ses positions, il fallait bien que les « belligérants se ménagent », se préservent un espace de dialogue et maintiennent des liens pour signer la paix.

Au quotidien, et je considère que c'est la moindre des choses lorsque l'on est en charge de la gestion et de l'organisation des carrières et des missions des femmes et des hommes dans l'entreprise, j'ai toujours eu des relations simples, franches, mais cordiales avec mes collaborateurs, quels que fussent leurs fonctions ou leur niveau hiérarchique, et toujours en équipe. Ainsi, lors des négociations salariales chez PSA, qui démarraient le jeudi à 14 heures pour se terminer entre minuit et deux heures du matin, je mobilisais une équipe d'une douzaine de personnes (responsable de la paie, responsable des études, équipe des relations sociales, juriste en droit social, responsable

de communication, etc.) et, si un ou deux collaborateurs m'accompagnaient en séance, le reste de l'équipe
restait en back up, dans mon bureau ou dans une salle
annexe, afin d'effectuer les simulations en temps réel,
ou de préparer les outils de communication à diffuser
aux usines à l'issue des négociations. Ensuite, et c'était
un rituel auquel je tenais beaucoup, un repas-buffet était
servi aux membres des délégations : au milieu de la nuit,
aidés par un ou deux verres de vin, nous faisions retomber l'adrénaline et la pression. J'avais pris pour habitude
de convier tous ceux qui avaient contribué au succès des
négociations, sur la base de leurs compétences et de leur
implication plus qu'en fonction de leurs grades. Au début,
certains ont été surpris de voir des assistantes invitées dans
les salons de direction, mais je n'aurais tout simplement
pas pu me détendre, me restaurer et boire un verre sans
partager ce moment avec tous ceux qui avaient contribué
au travail ! Mais j'ai bien conscience que cela reste un peu
atypique dans l'atmosphère feutrée et protocolaire des
sièges sociaux… ce que je continue à trouver dommage !
En effet, on gagne et on s'oxygène toujours à brasser les
personnes, les milieux et les cultures.

Dans le même ordre d'idées, je ne peux clore cette partie
sans mentionner, dans le cadre de mes activités, l'intérêt que j'ai trouvé à effectuer des séjours, plus ou moins
longs, hors de France, que ce soit au Gabon, au Congo,
en Angola, en Écosse, aux États-Unis, en Argentine, au
Brésil, au Mexique, en Chine, en Russie, en Slovaquie, à
Singapour, à Hong Kong et au Japon… Mes rencontres
avec les DRH et les directeurs de filiales m'ont toujours beaucoup enrichi. En changeant de point de vue
sur l'entreprise, au sens littéral du terme, en changeant
d'environnement, on sort grandi et avec un regard neuf

et une nouvelle manière d'appréhender les problèmes !
C'est pour cela que j'ai toujours milité pour la diversité,
dans tous ses aspects : il faut sortir de sa zone de confort,
de son milieu, de sa vision et de ses réflexes d'origine
pour grandir, et je suis toujours rentré un peu différent de
mes divers voyages.

Enfin, au-delà de ces éléments positifs, qui constituent fort
heureusement l'essentiel de ma carrière, je ne peux passer
sous silence les quelques déceptions qui ont émaillé mon
parcours. Au fil des ans, deux ou trois collaborateurs, de
qui j'étais proche et en qui j'avais toute confiance, à qui
j'avais au demeurant permis de magnifiques progressions
de carrière, m'ont critiqué, m'ont « craché dessus », et à
chaque fois, cela a été un coup de poignard dans le dos.
Je comprends qu'à l'occasion de mon départ on prenne
la ligne du successeur. Mais je n'admets pas que l'on renie
tout ce que l'on a pu faire précédemment : c'est aussi se
renier soi-même. Même si l'on n'attend pas de retour de
balancier, si l'on a agi de manière désintéressée et altruiste,
on ne peut s'empêcher d'être atterré, déçu, par les mauvais côtés de la nature humaine ! Et l'on a beau se blinder,
se raisonner, se dire que c'est aussi dans l'ordre des choses,
savoir que ces personnes avaient déjà fait preuve d'ingra-
titude avec leur directeur précédent, on ne peut s'empêcher d'être blessé à chaque nouvelle trahison, comme si
c'était la première.

QUELQUES REMERCIEMENTS

Je nommerai en premier lieu mes assistantes : Nicole,
Lucette, Catherine, Martine, Monique, Laure, Martine et
Claudine, qui m'ont épaulé (et supporté !) au quotidien,

ainsi que quelques personnes parmi mes collaborateurs, avec qui j'ai eu grand plaisir à travailler :

Jean-Claude, Gérard, Frédéric, Véronique et Jacqueline, Gilles, Arnaud, Jean-Pierre, Gilberte… chez Sanofi ;

Gérard D., Thierry, Norbert, Xavier, Marie-Thérèse, Jean-Michel, Pierre, Gérard M., Gérard Q., Patrick et Martine… chez Elf ;

Jean T., Cyrille, Jean-Philippe, Madeleine, Thierry, Frédéric, Jean-Jacques, Philippe G. des R., François S., Gloria, Jaime, Cécile, Christian, Noël, Marie-Pierre, Franck, Jacques P., François P., Pierre-Jacques, Claire, Stéphanie, Diego, Jean, Bernard… chez PSA ;

Madeleine, Dominique, Thierry, Virginie, Jean-Michel, Bérengère, Christine, Eric, Elisabeth, Marie-Josée, Philippe, Ewa et Alain… chez BPCE. Que ceux que j'ai oubliés me pardonnent.

Je garde également une pensée pour ceux qui nous ont quittés trop tôt : Dominique Passanissi et Jean-Claude Milcent.

Enfin, je ne veux pas oublier les chauffeurs, qui se sont mis à ma disposition tôt le matin, et parfois très tard le soir, en particulier Paulo et Baptiste. Toujours assis devant, à côté d'eux, je les ai souvent gênés dans la conduite, à cause du format toujours aussi peu pratique des pages de L'Équipe…

MES COLLÈGUES…

Si les relations avec mes collaborateurs ont toujours été amicales et animées par un réel esprit d'équipe, il n'en a pas toujours été de même avec mes « patrons » – j'ai toujours employé ce terme – et surtout avec mes collègues : nos relations ont souvent été « viriles », voire parfois conflictuelles. Les ressources humaines, comme la Communication, dont j'ai plusieurs fois assumé la direction, sont des métiers ingrats. En effet, les collègues dirigeants, les organisations syndicales, les managers et, en définitive, l'ensemble des salariés de l'entreprise, ont un avis sur les thèmes de ressources humaines, qu'il s'agisse de la politique salariale, de l'emploi, de la mobilité, voire des outils SIRH ou de la conduite des entretiens ! *A contrario*, beaucoup de mes collègues dirigeants toléraient difficilement que l'on intervienne, ou que l'on donne un avis sur ce qu'ils considéraient comme leur pré carré… Cette asymétrie m'a toujours prodigieusement agacé, pour ne pas dire plus, et je ne me suis jamais privé d'intervenir en comité de direction générale sur la politique industrielle ou sur les démarches marketing. Je considère d'ailleurs, en agissant ainsi, que j'étais dans mon rôle de dirigeant. J'ai dû parfois en irriter plus d'un, mais contrairement à certains, je me suis toujours cantonné aux thèmes stratégiques et ne me serais jamais permis d'intervenir sur des aspects techniques ou opérationnels dans des sphères hors de mes compétences.

Au chapitre des rapports que j'ai entretenus avec mes différents homologues dirigeants, je dois mentionner la « tendresse » particulière que j'ai toujours nourrie pour les directions financières. Dans toutes les entreprises que j'ai connues, cela a toujours été un « mini-Bercy » qui contrôle tout, donne un avis sur tout, sans jamais s'embarrasser de considérations autres que financières ! Et, comme à Bercy, ils ne s'appliquent que très rarement les cures de rigueur ou d'austérité qu'ils préconisent. J'ai d'ailleurs toujours rêvé de faire un audit d'une direction financière…

Mais au-delà de ce cas particulier, je garde de grands souvenirs des femmes et des hommes que j'ai côtoyés au cours de mes 40 années de carrière. Je vais en oublier quelques-uns, ils m'excuseront, mais je souhaite tout de même rendre ici hommage à quelques personnes qui m'ont marqué, et avec qui j'ai passé de grands moments !

Chez Sanofi, outre René Sautier et Jean-François Dehecq, j'ai rencontré et appris à connaître Pierre Viaud, Jean Nicolas, Jean Bonnet, Jean Lecendreux et le docteur Garnier, qui ont été mes patrons à tour de rôle, et qui m'ont tous fait progresser. Je ne peux pas non plus oublier la « meute » que Jean-François Dehecq s'était constituée, et avec qui il partait à l'assaut d'entreprises ou de groupes bien plus gros que Sanofi : Kurt Briner, Pierre Simon, Jean Lecendreux, Gérard Le Fur, Jean-Paul Léon, Xavier Moreno, Jean-Baptiste Daroman, Jean Lévy, Claude Saujet, et bien sûr Philippe Reulet, brillant directeur industriel, de qui j'étais à la fois très proche et… toujours en opposition ! Entre nous deux, pendant tout le temps qu'a duré notre collaboration, cela a été une affaire d'hommes, où aucun de nous ne souhaitait lâcher un pouce de terrain. Et cela reste, de ce fait, un de mes meilleurs souvenirs.

Chez Elf, j'ai eu la chance de côtoyer Jacques Halfon, Bruno Weymuller, Geneviève Gomes, Yves-Louis Darricarrère, Laurence Danon, Jacques Puechal, Jérôme Contamine, François Perier ou encore André Tarallo… tous différents, mais aussi tous intéressants et compétents, chacun à leur manière.

Chez PSA, Jean-Martin Folz avait également su s'entourer de personnalités au caractère bien trempé, mais tous compétents dans leur domaine respectif. Claude Satinet, Yan Delabrière, Gilles Michel, Robert Peugeot, Norbert

Lartigue, Roland Vardanega, Jean-Marc Nicolle, Liliane Lacourt, Daniel Marteau et Victor Mallo formaient une équipe très diverse, mais unie.

Enfin, chez BPCE, où je ne suis resté que 30 mois, j'ai rencontré quelques personnalités remarquables autour de François Pérol, en particulier Laurent Mignon, François Riahi, Dominique Wein, Jean Criton ou Didier Pataut.

MES PATRONS...

Je continue ma rétrospective avec mes patrons, que j'ai toujours appelés ainsi, plutôt que « président ». Un patron commande et dirige une entreprise industrielle : ce n'est pas un terme statutaire et déférent, c'est la marque d'un respect pour le leader et l'homme, plutôt que pour son rang dans un organigramme.

Mes différents supérieurs hiérarchiques ont été patients avec moi, ont su ne pas succomber à mes provocations, et ne m'en ont pas voulu de leur tenir tête, de défendre mes convictions. Tous, ils m'ont fait confiance, m'ont fait grandir, et m'ont donné la possibilité de me réaliser : je l'écris ici parce que c'est la vérité, et certainement pas par flagornerie, un travers que j'ai rarement eu, et qui d'ailleurs aujourd'hui ne me serait plus d'aucune utilité.

Je ne peux tous les citer et me contenterai de raconter mon expérience aux côtés de trois personnages, au style différent, mais tous également brillants. Tout d'abord, Jean-François Dehecq, sous les ordres duquel j'ai passé 19 ans chez Sanofi, dont une dizaine d'années en tant que membre du comité de direction générale. Il a été mon premier mentor. C'est un véritable entrepreneur qui, entre la création de Sanofi en 1973, à la suite du rachat des laboratoires Labaz, et son départ à la retraite en 2005, a su amener la firme au deuxième rang mondial, en ayant mené à bien plus de 300 acquisitions ! Jean-François est à la fois un industriel, un humaniste, un meneur d'hommes, autant gestionnaire que développeur, ce qui constitue un alliage de qualités plutôt rare. Il sait faire confiance aux jeunes, les envoyer tôt en responsabilité sur le terrain pour les juger et les jauger. Je l'ai ainsi vu confier la responsabilité d'usines chimiques de 2 000 à 3 000 personnes à des jeunes de 26 à 28 ans, comme Frédéric Gauchet ou Philippe Luscan. Il sait également s'entourer de profils divers que tout oppose, tant la formation que la personnalité, et les amener à travailler ensemble, à donner ainsi le meilleur d'eux-mêmes ! Tout opposait Jean-Paul Léon et Philippe Reulet, Pierre Simon et Jean Lecendreux, Xavier Moreno et moi-même : la formation, la culture, le style. Mais Jean-François savait créer l'alchimie pour que ces personnes parviennent à travailler ensemble et à se dépasser au quotidien… peut-être justement du fait de leurs différences, et de l'émulation que cela suscitait. Ensemble, d'ailleurs, nous avons réussi à intégrer des proies *a priori* bien trop grandes pour nous, mais nous étions absolument sans complexe et rendus plus fort par nos différences. Et la mécanique était bien huilée puisqu'à chaque rachat, par exemple ceux de Castaigne, de Février-Decoizy, de Clin Midy ou d'Institut Pasteur Production, j'étais envoyé avec deux ou trois collègues en mission dans ces « nouvelles terres », afin de faciliter l'intégration des nouveaux venus. Il fallait que Jean-François nous fasse réellement confiance, et c'était le cas. Il a été parfois dur avec moi, surtout lorsqu'il était influencé par une ou deux personnes proches. Je ne lui en ai jamais tenu rigueur, compte tenu des responsabilités qu'il m'a confiées, et du plaisir que j'ai eu à prendre part à l'« Aventure Sanofi ».

Dans les premières décennies de Sanofi, il n'y a jamais eu d'organigramme, les fonctions et responsabilités de chacun restaient floues (dans l'organisation, mais pas sur le terrain : chacun était responsable de ses missions). Jean-François Dehecq, comme d'ailleurs René Sautier, laissait parfois ses collaborateurs se vilipender vertement, voire se marcher sur les pieds. Mais, lorsqu'ils sifflaient la fin du match, tout rentrait dans l'ordre. Il a été précurseur dans la défense des intérêts de l'industrie française, d'ailleurs, avec ses indiscutables accents gaulliens, il aurait fait un très bon ministre de l'Industrie. Aujourd'hui, le fait qu'il soit membre du nouveau Conseil national de l'industrie est à tout le moins de bon augure !

Le deuxième patron à m'avoir marqué, auprès de qui j'ai passé huit années enthousiasmantes, fut Jean-Martin Folz. Il m'a plu dès notre première rencontre, le 24 décembre 1998, lorsqu'il m'a débauché du groupe Elf Aquitaine pour le poste de DRH de PSA Peugeot Citroën. Je me souviens de chaque mot de cette conversation d'une heure que nous avons eue, dans un bar à vin de Neuilly, où j'ai accepté de le rejoindre avant de donner ma démission du groupe Elf Aquitaine, dès mon retour des fêtes, le 4 janvier suivant.

Jean-Martin Folz est d'un abord et d'un contact faciles, et c'est également un grand industriel doté d'une réelle vision, sur tous les compartiments de ses métiers, et sur l'industrie en général. Proche de ses équipes, il a une approche pragmatique – et pointue – de ses dossiers. J'ai ainsi été frappé de sa connaissance de l'intégralité des processus de fabrication d'une automobile, et je l'ai même vu prendre en défaut des ingénieurs experts.

Jean-Martin a su, avec Claude Satinet, relancer la marque Citroën, mettre en place la politique de la plate-forme, développer le Groupe en Amérique du Sud avec l'acquisition de l'usine Sevel à Buenos Aires et la construction d'une usine à côté de Rio de Janeiro, accélérer le développement du groupe en Chine… Et surtout développer une politique de partenariats avec d'autres grands constructeurs visant à partager les technologies, les savoir-faire et les coûts financiers : les moteurs diesel avec Ford, les moteurs à essence avec BMW, les plates-formes et les véhicules avec Fiat et Toyota… Surtout, j'ai apprécié son énergie et sa résistance : deux fois par an, il animait seul pendant une semaine des « amphis cadres » à Paris, Madrid, Londres, Wuhan ou Pékin, Rio ou Buenos Aires, pour présenter aux managers les résultats, les ambitions et les objectifs du Groupe pour les trois prochaines années. Il donnait du sens à l'action. Tous les managers avaient ainsi l'opportunité une ou deux fois par an de rencontrer le patron, de trinquer et d'échanger avec lui.

Avec Jean-Martin, nous avions créé un véritable binôme président/DRH, car nous avions les mêmes analyses et convictions sur les ressources humaines et les relations sociales… ce qui nous a permis de lancer des premières françaises, voire européennes !

François Pérol, ensuite, m'a fait découvrir le monde bancaire. Il m'a fait contacter dans la semaine qui a suivi mon départ en retraite de chez PSA et, dès notre première entrevue, dans le cabinet de la chasseuse de têtes Brigitte Lemercier, le courant est passé et j'ai accepté de venir l'assister dans l'opération de rapprochement des Caisses d'Épargne et des Banques Populaires. Je m'étais engagé à collaborer entre deux et trois ans avec la BPCE, et je suis resté 30 mois, que je n'ai pas eus à regretter. Je tiens tout d'abord à témoigner : François Pérol a sauvé les Caisses d'Épargne et les Banques Populaires et, par voie de conséquence, Natixis. Il est supérieurement intelligent, très fin, et avec un sens de l'humour généralement peu compris des banquiers. Il a également une forme d'autodérision, ce qui est encore moins perçu, et c'est enfin un excellent pédagogue, qui a sciemment décidé de mettre sa liberté au service du Groupe, malgré les contraintes liées au mutualisme. Il ne cherche ni à plaire, ni à complaire pour durer. Seule la stratégie est importante à ses yeux : il a une vision, des convictions, et ne se laisse pas gouverner par les fluctuations de son environnement, ou de la conjoncture. J'ai eu beaucoup de plaisir à travailler à ses côtés au Directoire de la BPCE.

Bien sûr, mes patrons successifs avaient toutes ces qualités, et cela ne les empêchait pas d'avoir également des défauts. Mais il est une qualité que j'ai retrouvée chez chacun d'entre eux : ils étaient visionnaires, sur le moyen et sur le long terme. J'ai eu la chance de rencontrer ces hommes si différents, mais tous dotés d'une réelle vision.

Il en reste un qui m'a également marqué à vie pour différentes raisons, qui a dirigé Elf Aquitaine, Rhône-Poulenc, Gaz de France et la SNCF, et qui avait l'étoffe d'un vrai capitaine d'industrie : je veux bien sûr parler de Loïc Le Floch-Prigent. Je l'ai rencontré chez Elf Aquitaine où il avait su réveiller un groupe qui ronronnait paisiblement. En prenant des parts du capital de Petrofina, en rachetant la raffinerie Leuna et le réseau Minol en ex-Allemagne de l'Est, ainsi que la société de raffinage espagnole Ertoil, en s'implantant au Venezuela, il avait prouvé qu'il avait l'âme d'un entrepreneur et d'un bâtisseur.

Comme j'ai entendu dire Jean-François Kahn, dans la sphère publique, « on lèche, on lâche et on lynche », et je ne m'associerai pas à la meute de ceux qui l'ont traîné plus bas que terre lorsque la curée a été déclenchée, car je n'oublie pas les gens qui ont été corrects avec moi. Même si j'ai été très déçu de découvrir la réalité des failles et des fautes de l'homme (alors que je ne me faisais que peu d'illusions sur son entourage), et si je pensais que lui, au moins, ne se laisserait pas aller à ces écarts, je lui suis tout de même reconnaissant : il m'avait promu alors que je n'appartenais pas à l'aristocratie des grands corps ou du pétrole. Pour m'avoir fait franchir les marches de l'escalier social, je lui en suis reconnaissant.

Chapitre 5

Des rires et des larmes

Un florilège de choses vues et vécues, petites et grandes, importantes et légères mais toutes humaines et sensibles

Chacune des petites saynètes ci-dessous est authentique, et m'a suffisamment frappé pour que je m'en souvienne encore. Au-delà de leur caractère cocasse, grave ou drôle, elles font aussi office de paraboles et permettent d'illustrer ou d'éclairer les prises de position éthiques ou théoriques, les combats ou les engagements relatés dans ce livre. Chacun à leur manière, ces moments de vie ont contribué à me former.

Un vendredi de mars 1976, j'étais en blouse, dans un atelier, en train de participer à la reconversion au métier de granulateur de différents ouvriers et ouvrières de production, lorsque le PDG de Sanofi, de passage dans le couloir, m'apostrophe : « M. Vergne, bonjour ! Pourriez-vous passer dans mon bureau dans cinq minutes ? Je veux vous voir et vous faire une proposition… ».

Stressé et excité, surpris même qu'il connaisse mon nom,
je me suis pressé d'aller me laver les mains avant d'attaquer l'escalier principal quatre à quatre : cet escalier de
marbre, dans l'usine d'Ambarès-La grave, menait directement au bureau présidentiel, au premier étage. Mais, à
mi-chemin, je fus vite stoppé par la secrétaire des relations
extérieures qui me dit : « Monsieur, vous n'avez pas le
droit de monter par cet escalier, il est réservé aux cadres
supérieurs et aux dirigeants ! ». Je redescendis donc et
courus 200 mètres à travers les services de contrôle au
rez-de-chaussée, avant de recourir 200 mètres dans les
services administratifs au premier étage… 10 ans après,
devenu DRH de Sanofi, je revins dans l'usine de mes
débuts où un comité d'accueil, avec café et viennoiseries,
m'attendait. Je remontai ensuite ce fameux escalier, avec
une lenteur délibérée pendant laquelle chaque marche
avait un peu la saveur de la revanche !

———————————

Après la fermeture de l'usine de Wattignies, en 1978, je me
suis replié à l'usine de Pantin où je fus surpris de découvrir qu'il y avait pas moins de trois restaurants d'entreprise
pour 500 personnes ! Un pour les ouvriers, un deuxième
pour les cadres et agents de maîtrise, et enfin un dernier
pour les pharmaciens. Mon prédécesseur m'avait signalé
qu'il était stipulé dans son contrat de travail qu'il était
exceptionnellement autorisé à accéder au restaurant des
apothicaires… Sa principale activité, d'ailleurs, consistait à
définir le matin, avec la cuisinière, le menu du déjeuner :
invariablement, entrée, poisson, viande, fromage et dessert,
le tout bien arrosé. La chasse à l'alcool sur les lieux de
travail n'avait pas encore commencé.

Avec Hubert Calonge, de la société des Wagons-Lits (devenue ensuite Eurest, puis Compass), nous avons conçu l'installation de nouvelles cuisines et d'un restaurant unique, dans un ancien magasin : les Wagons-Lits reprenaient le personnel et s'occupaient de la gestion du restaurant. Le lundi de l'inauguration, ce fut un mouvement social carabiné qui commençait et qui, pour une fois, regroupait toutes les catégories. Boycott des ouvriers, à qui l'on demandait de quitter leur blouse et de se laver les mains avant de passer à table ; boycott des employés, qui ne voulaient pas déjeuner à côté de leurs chefs ; et enfin, boycott des pharmaciens, qui ne voulaient déjeuner avec personne.

J'ai sué sang et eau sur ce conflit, avant que, la faim aidant, les choses ne rentrent dans l'ordre et que ce restaurant ne devienne d'ailleurs un succès. Mais j'ai compris là que certains se satisfont d'inégalités de traitement et que la restauration a une grande importance dans le bien-être au travail, pour tous, professions manuelles comme intellectuelles.

———————

Courant 1989, nous avons enfin fermé l'usine de Pantin, après avoir transféré les fabrications de sirops et de granulés à l'usine d'Ambarès-La grave, près de Bordeaux. Si la fermeture d'un site est toujours un moment chargé d'émotions pour ceux qui y ont passé une partie de leur vie professionnelle, la gestion sociale de cet événement fut exemplaire, et amena plus de sourires que de larmes : départs en retraite et en préretraite, mobilités dans d'autres usines de Sanofi ou à l'usine de Roussel Ucla, à Romainville, distante de quelques kilomètres.

Aussi, avec Philippe Reulet, nous accédâmes à la proposition des syndicalistes qui souhaitaient organiser une sorte de petite fête de fermeture, comme une « dépendaison de crémaillère ». Il y eut bien une fête, mais elle ne fut pas « petite » ! Nous avions passé une semaine à dégager et à dresser des buffets dans l'atelier de conditionnement, nous avions invité tous ceux partis en retraite ou en province, leur payant avions, trains, autocars et hébergement, et la soirée dura jusqu'à six heures du matin !

Certains dirigeants ou collaborateurs d'autres sites ne comprirent pas le principe d'une fête de fermeture. Mais je peux témoigner que ce fut un grand moment d'émotion et de plaisir que de partager un dernier moment tous ensemble dans l'usine, dont tout le monde garde un bon souvenir. C'est aussi ça, l'humain : marquer les passages et les occasions, qu'ils soient pleins d'avenir ou teintés de nostalgie…

———————

Je ne suis pas un chaud partisan des entretiens individuels, et j'ai toujours laissé mes collaborateurs mettre ces outils en place. J'ai bien conscience que certains salariés les réclament, mais je continue néanmoins à considérer que cela ne sert pas à grand-chose. Jamais quelqu'un n'a fait carrière grâce aux entretiens. Un vrai manager fait ses remarques – et écoute ce que les autres ont à lui dire – au fil de l'eau, tous les jours. Nul besoin pour cela d'un formulaire dernier cri… qui est d'ailleurs remis à jour tous les trois ans, en moyenne ! En 43 ans de carrière, j'ai eu droit à un entretien, à l'initiative de Jean Lecendreux, secrétaire général de Sanofi. Le jour prévu, je le retrouvai dans son bureau où il m'offrit un whisky et commença à remplir ma fiche : nom, prénom, ancienneté… Une fois cette partie – pas la plus difficile ! – achevée, il me servit un deuxième whisky et m'offrit un cigare. Après avoir discuté à bâtons rompus sur différents sujets de la vie de l'entreprise, nous convînmes d'un nouveau rendez-vous pour mener à bien cet entretien d'évaluation…

Je me rendis donc quelques jours plus tard au nouveau rendez-vous, à 12 heures 30. Jean Lecendreux m'invitait d'autorité à la Fermette Marbeuf : la fiche d'entretien était bien là, même si nous l'oubliâmes à la fin du repas. Troisième épisode : pleins de bonne volonté, nous nous retrouvâmes dans le bureau de Jean, mais Jean-François Dehecq fit irruption, nous remonta les bretelles sur un sujet que nous ne connaissions ni d'Ève ni d'Adam, puis nous invita à déjeuner.

Enfin, le quatrième rendez-vous fut plus court, et décisif. Jean, dans sa sagesse, me dit : « cet entretien que vous avez conçu est très bien, très professionnel. Mais il n'est adapté ni à vous, ni à moi. Et ce n'est pas ça qui fera votre carrière ». C'était effectivement la première et la dernière fois que je passai un entretien.

––––––––––––

Nous avions transféré plus de 3 000 salariés de PSA au pôle tertiaire de Poissy, en provenance de la Grande Armée ou de la tour Manhattan. Certains et certaines étaient bien sûr réticents, mais je leur expliquai qu'il fallait désormais élargir le triangle d'or et parler de « Neuilly/Auteuil/Poissy » ! Nous avions d'ailleurs œuvré pour que des services de base – coiffeur, médecin, gynécologue dentiste – viennent également s'installer avec nous, à proximité de la gare de RER. De mon côté, j'y ai installé, en 2003, une conciergerie d'entreprise du groupe Accor. Mais dans ce nouveau triangle d'or, à ce jour, ni Dior, ni Prada, ni Gucci ne se sont installés…

En 1993, pour la privatisation d'Elf, nous avions convenu d'un pourcentage d'actions du flottant destiné aux salariés du Groupe, à des conditions préférentielles : abattement sur le prix de vente et gratuité (une action gratuite pour quatre achetées, puis une pour dix). J'avais réquisitionné une salle de réunion pour cette opération « actions au personnel », où l'équipe en charge répondait aux questions des DRH et des employés. J'avais fait accrocher une feuille de papier millimétré d'un mètre sur deux, afin de suivre la progression de l'opération. Tous les soirs, les filiales nous transmettaient le total des bordereaux de demandes d'achat des salariés, et rapidement nous montâmes bien au-dessus des maxima que nous avions envisagés ! L'opération avait déclenché un véritable engouement chez les salariés, certaines banques faisaient des prêts à taux zéro pour cette occasion, afin que les salariés puissent investir au maximum (700 000 francs par salarié). Nous avons dû rajouter une feuille vers les plus hauts, afin de pouvoir continuer le graphique. Puis nous avons dû tenir bon face aux équipes du ministère des Finances. Ceux-ci, en effet, ne voyaient pas ce succès d'un très bon œil et souhaitaient plafonner le nombre d'actions gratuites par salarié : cela ne correspondait pas aux engagements mais mes collègues des directions financières et juridiques me conseillèrent amicalement de ne pas insister face à Bercy. Philippe Jaffré, inspecteur des finances, ne pensait d'ailleurs pas autre chose : la privatisation était un succès qu'il ne fallait pas ternir. Seuls mes collaborateurs directs et Jacques Puchal, président d'Atochem, me soutinrent dans ce qu'il faut bien appeler ce combat. Et j'éprouvai un réel bonheur lorsque je vis tomber le fax du cabinet d'Edmond Alphandéry, ministre des Finances, qui autorisait la distribution des actions gratuites telle que prévue : j'eus alors le sentiment d'avoir un peu contribué à faire respecter la justice sociale dans cette affaire, qui coûta finalement 800 millions de francs à l'État ! Une somme conséquente en soi, mais dérisoire par rapport aux volumes générés par Elf ! Ce jour-là, j'eus quelques larmes, de joie et d'émotion mêlées : petit cadre, j'avais obtenu gain de cause contre les grands corps de l'État, et cette victoire revêtait une saveur particulière…

Je garde un souvenir ému de la réunion des anciens de PSA, qui se tient tous les deux ou trois ans en Alsace ou en Franche-Comté, dans le berceau des Peugeot. C'était d'ailleurs une réunion des anciens de Peugeot qui s'était élargie à Citroën suite à mes pressions ! Un grand moment, en tout cas, avec 3 000 personnes venues en cars de toute la France, avec leurs conjoints. Les festivités commencèrent par les traditionnels discours d'ouverture de la présidence de l'association et de moi-même, suspendus à des harnais à 30 mètres de haut. Puis, au début du repas, l'orchestre de bal entonna une chanson populaire dans toutes les guinguettes – « Comment ça va ? » de The Shorts –, reprise en chœur par les 3 000 convives : « Comment ça va, comme ci, comme ci, comme ci, comme ça. Tu ne comprends rien à l'amour, restez la nuit, restez toujours ! ». Après 10 minutes, les premiers couples se mirent à danser et j'étais pétrifié à l'idée que quelqu'un ait la mauvaise idée de m'inviter, ce qui n'a pas manqué ! Une brave dame de l'usine de Sochaux vint me proposer une danse et je ne pus me défiler. Sous le crépitement des flashs, je me suis donc exécuté, et cette chanson est ensuite devenue l'hymne officieux de la direction des ressources humaines – tout comme la chanson de Jacques Brel à chaque fois que l'on mentionnait l'usine de Vesoul où j'avais organisé un séminaire de la DRH.

————————

J'ai été administrateur et président d'Elf Aquitaine International, une filiale localisée à Genève, auparavant dirigée par Alfred Sirven. Je ne sais pas pourquoi mais, du jour où j'ai été nommé président de cette filiale, mes passages aux douanes française et suisse sont devenus beaucoup plus fastidieux ! À chaque fois que je me rendais à une réunion à Genève, j'étais retenu et fouillé par les douaniers des deux côtés, à tel point d'ailleurs qu'une sorte de connivence s'installa. Cela faisait partie du rite. Je ne pense pas que les douaniers s'attendaient à trouver quoi que ce soit dans ma sacoche, au plus fort de l'affaire Elf ! Un jour, je croisai Alfred dans Genève, qui s'apprêtait à rentrer chez Gérard, le fameux magasin de cigares. Il m'apostropha : « Jean-Luc, attends-moi ! Je prends quelques cigares et on rentre ensemble ». J'attendis donc pendant qu'il achetait « quelques » cigares : j'ignore si tout était pour lui mais la note devait représenter trois à quatre mois de mon salaire. L'artiste était vraiment un amateur et un connaisseur ; c'est un luxe qui coûte vite cher ! Nous prîmes ensuite l'avion ensemble, Alfred assis au premier rang : il me salua à l'arrivée à Roissy et me souhaita bonne chance. Et en effet, quelle ne fut pas ma surprise de recevoir un coup de fil, dans la semaine, d'une célèbre juge me demandant : « Monsieur le directeur, est-il vrai que vous avez aperçu Alfred Sirven ? ». « Oui, bien entendu », répondis-je. « Il a pris le vol Genève/Roissy et nous avons discuté ensemble dans la salle d'attente. Il était en pleine forme. » Il est vrai qu'à cette époque, Alfred était recherché par Interpol...

Mais je ne suis pas sûr que tout le monde voulait vraiment l'attraper !

———————

Courant novembre 2006, Christian Streiff a rejoint PSA Peugeot Citroën pour en prendre la présidence du directoire, en remplacement de Jean-Martin Folz. D'un abord jovial, il attirait la sympathie. Notre première rencontre m'a marqué. Dès la première minute, il m'a dit : « Jean-Luc Vergne, vous faites partie des trois personnes qui mettent le bordel dans le comité de direction générale, et on m'a conseillé de me séparer de vous ». Comme entrée en matière, j'avais connu mieux.

Notre cas a été effectivement traité : pour le premier perturbateur, la réorganisation, telle qu'elle lui a été présentée, était objectivement inacceptable ; le deuxième a pris la direction d'une filiale avec beaucoup de succès ; quant à moi, j'ai tenu deux ans en serrant les dents…

———————

Au début des années 1980, je reçus un coup de fil de Claudine Michel, l'assistante de René Sautier et Jean-François Dehecq, qui me dit : « M. Sautier veut vous voir ». Je monte donc rapidement et suis reçu par René Sautier qui, après les amabilités d'usage, me propose la présidence des laboratoires Roland-Marie. C'était la première fois que l'on me proposait une présidence ; je le remerciai avec effusion et émotion. En sortant, je traversai le bureau de Claudine, qui faisait antichambre entre les deux bureaux directoriaux ; elle me dit alors que Jean-François souhaitait me voir. J'entrai dans son bureau, il déplia son double mètre et me dit : « Le père Sautier t'a dit qu'il voulait te nommer PDG. Il faut que je complète : il va falloir que tu fermes l'usine de Montreuil. Cela ne va pas être facile, c'est syndicalisé, c'est un fief communiste, mais tu te démerdes… ». En fait de présidence, c'était surtout un fameux cadeau empoisonné !

———————

En 2007, nous avions lancé un plan de sauvegarde de l'emploi – la litote juridique est malheureusement passée dans le langage courant – de 6 500 postes, fondé essentiellement sur des départs volontaires. Cela avait été un succès, même si les succès dans ce domaine ont un arrière-goût amer car l'on parle bien de destruction d'emplois. Pour mener à bien cette opération, j'avais décidé de mettre en place un forum Emploi à Poissy, à l'instar de ce que nous avions fait à Ryton. Cela consistait à amener dans PSA des entreprises qui recrutaient au contact des salariés qui souhaitaient bénéficier du plan de départ volontaire : autrement dit, « remplacer la machine à broyer » par la « machine à bonifier ». J'ai donc appelé mes amis et connaissances DRH, de grands groupes ou de PME, et le jour J, dans le forum Armand Peugeot de Poissy, il y avait une trentaine de stands de recruteurs, sur plus de 4 000 mètres carrés : Total, Areva, SNCF, RATP, Veolia, etc. Ô surprise ! Il y avait plus de 1 000 personnes à l'ouverture des portes, à 9 heures du matin : des salariés de Vélizy, de la Grande Armée, de la Garenne-Colombes avaient fait le déplacement, et c'était déjà la cohue. Jacques Pompanon et Noël Nasica ont bloqué les portes, Madeleine Fiori a fait patienter les journalistes, et je suis monté avec un mégaphone sur la mezzanine pour haranguer la foule, remercier les exposants et expliquer le sens de l'opération. Au total, ce sont plus de 3 000 personnes qui vinrent ce jour-là, et ce fut un réel succès que nous avons ensuite dupliqué à Poissy, à Sochaux… Ce type d'opérations a toujours été salué par les syndicalistes de tout bord. Nous l'avons reconduit et amélioré pour le second plan.

––––––––––

Mes relations avec les organisations syndicales argentines ont toujours été très bonnes. À chacun de mes passages à Buenos Aires, je rencontrais le syndicat UOM de Peugeot Citroën, et en particulier son leader, Raul Torres, par ailleurs sénateur de la province, mais toujours inscrit aux effectifs de Peugeot. Au début des années 2000, pour favoriser et faciliter la reprise en main de l'usine, j'avais fait venir les huit leaders syndicaux argentins en Europe pour visiter Vigo, Madrid, Mulhouse, Poissy, afin de comparer nos environnements, montrer notre organisation du travail et nos standards. En 2005, dans le cadre de ses bonnes relations, les syndicalistes d'UOM m'avaient organisé une surprise, me faisant retarder mon départ d'une journée. Le lendemain, après un match de Boca Junior à la Bombonera (où les spectateurs étaient vraiment comme en transe !), puis une visite en règle des différentes installations d'UOM, son dispensaire, son centre de formation, j'eus droit à un *asado* géant, préparé la veille. J'ai dû goûter à toutes les viandes, à toutes les salades, à tous les vins argentins, et j'eus même un trophée gravé à mon nom : le grand jeu ! Dans l'avion du retour, je me pris à rêver : cela aurait-il été possible en France ?

––––––––––

À ma question : « Et quel sera votre programme ? », un leader syndical fraîchement élu aux plus hautes fonctions, de répondre : « Ben, on continue les contentieux contre les employeurs ! ». Devinez dans quel groupe…

––––––––––

Lors de la mise en place d'un comité de groupe BPCE dans un ensemble qui alliait toutes les complexités – taille, nombre d'entreprises, différence de structures juridiques, diversité des acteurs syndicaux –, un seul représentant syndical exigea de consulter et de vérifier la conformité de tous les procès-verbaux des élections des 200 entreprises incluses dans le périmètre… Impossible de refuser, et malgré les efforts de tous pour le convaincre, les négociations durent être interrompues ; les Antillais repartirent de l'autre côté de l'Atlantique, pour mieux revenir quelques semaines plus tard. Aucune erreur identifiée, mais une conclusion retardée de plus d'un mois, une explosion des coûts associés, et surtout un calendrier sabordé : une seule réunion du nouveau comité aura été possible cette année-là !

———————————

Sanofi n'avait peur de rien, et surtout pas de partir à l'assaut de plus gros que lui. Après l'épisode de Rorer, Jean-François Dehecq et son comité de direction générale décidèrent de se lancer à l'assaut de Wintrop, la filiale pharmaceutique du groupe Kodak. Des groupes de travail dans différents domaines furent institués, et nous nous rencontrions régulièrement pour faire le point sur l'avancement des sujets. Je me souviens d'une toute première réunion à New York où nous atterrîmes vers 20 heures avant d'aller « prendre un bon repas », comme le dit Jean-François Dehecq. Vers 23 heures, d'un commun accord, nous commandâmes des whiskies, des cigares, et nous restâmes quelques heures de plus à refaire le monde. Décalage horaire oblige, et puis nous étions à New York, la ville qui ne dort jamais ! Le lendemain matin, après deux heures de sommeil et une journée de plus de 24 heures, je suis passé au tableau pour exposer les problématiques sociales. Jamais mon anglais n'avait été aussi bon ! Kurt Briner m'en fit d'ailleurs le compliment… Il faut bien avouer que, bien que Girondin (!), l'anglais n'est pas mon fort : cela fait cinq siècles que l'Angleterre et l'Aquitaine se sont séparées ! Mais j'avais trouvé le secret de l'apprentissage linguistique : boire local ! Je réitérai ensuite l'expérience avec succès avec les Caïpirinhas à Rio, le Baijio pour Ganbei à Pékin, ou la vodka à Moscou. Vraiment, le métier de DRH n'est pas de tout repos !

―――――――――

J'avais pris l'habitude d'organiser tous les ans un séminaire de la fonction RH, auquel je conviais tous les DRH de toutes les fonctions, de toutes les usines, de toutes les filiales. J'avais organisé une édition (chez PSA) à Jouy-en-Josas, où j'avais prévu des petites saynètes liées aux sujets RH, jouées en direct par le Théâtre à la Carte. Ils me proposèrent de m'inclure dans une de leurs saynètes, et le secret n'avait pas été éventé. Lors de mon discours d'introduction, une jeune femme surgit du fond de la salle, en criant : « Je cherche mon mari ! ». Elle vint vers moi, alors que je marquai ma surprise, puis mon début de courroux… tout en lui laissant le micro et en quittant la salle ! Il fallut trente secondes à une minute aux participants, mes collègues DRH, pour comprendre que c'était une mise en scène, et l'occasion pour moi de présenter le Théâtre à la Carte.

Chapitre 6

La gouvernance :
y a-t-il un modèle idéal ?

La recherche de la pierre philosophale...

Sanofi, Elf Aquitaine, PSA Peugeot Citroën et BPCE :
quatre grands groupes dans lesquels j'ai passé plus de 40 ans
de ma vie professionnelle ; quatre groupes différents par
leurs activités, mais aussi et surtout par leur actionnariat.
J'ai eu la chance de connaître l'État actionnaire, l'actionnariat financier, l'actionnariat familial, et enfin le monde
coopératif, aussi appelé « sociétarial ». Bien que n'étant
pas financier, ni spécialiste de l'actionnariat, je peux tout
de même comparer les différents modèles, et pointer les
particularités que j'ai vues dans chaque système, ainsi que
leurs impacts sur la dimension sociale de l'entreprise.

L'ÉTAT ACTIONNAIRE

Des années 1970 aux années 1990, l'État était actionnaire
majoritaire, voire unique actionnaire, d'un grand nombre
de très grandes entreprises, mais ne jouait pas son rôle
d'actionnaire, ni même de propriétaire. Alors qu'il aurait

dû être le « stratège » de l'entreprise et protéger ses intérêts, il se contentait d'exercer – mollement – ce que l'on appelait alors sa « tutelle administrative ». Au demeurant, j'ai trop fréquemment été confronté à des cas où l'État poursuivait des objectifs de natures diverses, voire opposées, en tout cas très éloignés de l'activité et de la compétitivité de l'entreprise. Et ceci, au gré des changements de majorité, de coloration politique, ou des nouvelles lubies de tel ou tel ministre. L'interventionnisme en particulier en matière sociale était fréquent, et de nombreux hauts fonctionnaires, totalement déconnectés des réalités de l'entreprise et de l'économie, étaient tentés de jouer les apprentis sorciers en matière d'emploi ou d'ingénierie sociale (qui ne s'appelait pas encore comme ceci). Les entreprises dans lesquelles l'État était actionnaire se devaient de tester toutes les nouvelles lubies.

Ainsi, j'ai le souvenir d'un épisode très révélateur qui avait eu lieu aux Charbonnages de France, sous le gouvernement de Pierre Mauroy. Le gouvernement avait fait stopper un plan social en cours de route, avait exigé l'année suivante que l'on procède à des recrutements d'emplois aidés, et avait finalement relancé le plan social l'année suivante. Économiquement inévitable, celui-ci avait simplement été retardé et compliqué par l'intervention de l'État. Ses interventions, souvent contreproductives, occasionnaient également un autre dommage collatéral dans les entreprises dans lesquelles il détenait une part du capital : elles rendaient la gestion de l'entreprise suspecte aux yeux des autres investisseurs, notamment étrangers, et les dissuadaient de s'engager.

Chez Elf Aquitaine, où le mélange des genres a fini par atteindre les sommets que l'on sait, je ne peux passer sous silence l'intervention politique du gouvernement d'Edouard Balladur, qui avait renvoyé au plus vite Loïc Le Floch-Prigent de son poste pour y placer Philippe Jaffré, inspecteur des Finances et issu de la banque Stern, du Crédit Agricole, donc le plus éloigné possible des réalités d'un groupe pétrolier. En définitive, cette manœuvre n'avait pour seul but, semble-t-il, que de couper les pompes à finance destinées aux socialistes, ainsi qu'aux gaullistes chiraquiens, en préparation de la future campagne présidentielle. Mais cela, on ne le comprit que plus tard…

Je me souviens également des rencontres annuelles que nous avions avec la Mission de contrôle, au ministère des Finances, alors encore rue de Rivoli, où nous devions présenter la politique salariale que nous envisagions pour l'année à venir. Nous avions des discussions à n'en plus finir sur l'effet noria, l'effet report, l'effet déport. Ces représentants de l'État, très diplômés et certainement très brillants dans leurs domaines d'origine, n'avaient absolument aucune idée de la réalité quotidienne, économique et sociale d'Elf et en particulier de ses filiales Atochem et Sanofi. Ils n'arrivaient pas à concevoir que, dans le monde de l'entreprise et de la production, un salarié n'était pas un « agent », et que les notions « d'indices » n'avaient pas cours chez nous… J'ai eu là des discussions absolument surréalistes, mon objectif étant de parvenir à gauchir quelque peu la réalité mathématique, afin de conserver des marges de respiration et de négociation. Car, bien sûr, je ne pouvais pas invoquer la mainmise de la tutelle, grande absente du quotidien de l'entreprise, devant nos organisations syndicales, sous peine de perdre toute crédibilité !

Absence de stratégie, tutelle purement administrative mais néanmoins empêcheuse de manager en rond : l'État actionnaire était un administratif tatillon, qui se révélait en outre très mauvais gestionnaire. Il suffit d'égrener la litanie des pertes financières, voire des scandales, des années 1980-1990 pour se le remémorer : sidérurgie, Charbonnages de France, Renault, SNCF, GAN, Crédit Lyonnais… Chacune de ces interventions de l'État, de quelque nature qu'elle fut, s'est soldée par un fiasco retentissant ! Dans le cas du Crédit Lyonnais, le coût pour l'État a atteint une somme de 100 à 120 milliards de francs (soit 15 à 18 milliards d'euros).

La création de l'Agence des participations de l'État (APE), à partir de 2004, chargée de gérer et de suivre ces dites participations, a constitué un changement notoire, avec l'implantation progressive d'une réelle stratégie d'ouverture aux investisseurs privés et surtout à la recherche de profitabilité. Dernièrement, la nomination de David Azéma, rompu à la marche des entreprises, à la tête de l'APE, constitue à n'en pas douter un nouvel élément positif.

INSTITUTIONNELS, FONDS DE PENSION, PETITS PORTEURS…

Après avoir connu l'État actionnaire, paisible bureaucrate ronronnant et gentiment démissionnaire, j'ai connu le capitalisme « pur et dur » suite à la privatisation d'Elf Aquitaine en 1993. Fonds de pension, investisseurs institutionnels, Sicavs, petits porteurs : tous étaient présents au capital d'Elf Aquitaine dès son ouverture. C'est une évidence que de rappeler que l'entreprise peut souvent avoir recours à des capitaux externes pour assurer son dévelop-

pement, ses seuls profits se révélant généralement insuffi-
sants pour lui permettre de se développer. Elle peut donc
faire appel à des « amis », en premier recours, bien souvent
des banques, des compagnies d'assurance ou des groupes
industriels partenaires, généralement peu intervention-
nistes, et qui permettent de former des blocs d'actionnaires
majoritaires. Ensuite, elle doit faire appel aux marchés, où
des petits porteurs – vous, moi, nous tous – deviennent
propriétaires d'une infime partie de son capital. Ces petits
porteurs n'ont généralement aucun poids, aucun pouvoir,
sont quasiment impossibles à regrouper (seule l'Association de défense des actionnaires minoritaires, l'ADAM,
fondée et dirigée par Colette Neuville, parvient à faire
entendre la voix des petits porteurs). Ils sont parfois qualifiés, de manière légèrement péjorative, de « spectateurs
impuissants », mais cela ne les empêche pas de se révéler chahuteurs aux AG, comme pour nous rappeler qu'ils
sont aussi nos patrons (!), notamment en ce qui concerne
les dividendes qu'ils touchent. J'en ai vu, de ces petits
porteurs, généralement retraités, prendre la parole au beau
milieu d'une assemblée générale, critiquer le cadeau offert
ou la pingrerie du Groupe, notamment lorsqu'on la com-
parait à la générosité d'un grand groupe de spiritueux
français ou d'un grand groupe de cosmétiques.

Pour « petits » qu'ils sont, ces porteurs méritent toute la
considération de l'entreprise. J'ai le souvenir d'une assemblée générale mouvementée au Palais des Congrès de la
porte Maillot, où 800 Béarnais, montés par le TGV « La
palombe bleue » de Pau et de Lacq, bloquaient la circulation. Afin de débloquer la situation – et surtout les
embouteillages ! – j'avais accepté l'une de leurs requêtes,
et m'étais engagé, après négociation, à ce que deux délégués CGT et CFDT prennent la parole dans l'auditorium,

pour deux interventions de trois minutes chacune. Philippe Jaffré avait joué le jeu et leur avait tendu le micro : la plupart des manifestants étaient debout dans les travées et devant l'estrade. Dès le début de leurs interventions, un petit groupe d'une vingtaine d'actionnaires s'est exclamé « À Moscou ! À Pékin ! » : il a fallu que nous formions, avec trois ou quatre membres du service de sécurité, un cordon de sécurité improvisé pour séparer les belligérants, et nous avons dû nous employer à calmer les esprits et les perturbateurs des deux bords.

Ceci étant dit, ces événements restent exceptionnels, et force est d'avouer que le principal sport de certains de ces actionnaires consiste à obtenir la pole position à l'ouverture du buffet. Il faut voir avec quelle maestria ils se saisissent des petits fours et en mettent de côté dans des sacs idoines… Une fois, au CNIT, l'ancien rugbyman que je suis a échappé de justesse à un piétinement en bonne et due forme : j'étais sur le chemin du buffet à l'issue de la présentation des résultats.

Un autre type d'investisseurs, moins ludique, est également intéressant à observer d'un point de vue économique et ethnologique : les fonds de pension. J'ai assisté et participé à quelques road shows, et j'ai pu constater à quel point ils pèsent sur la stratégie. Leur principale, voire unique exigence, consiste à réclamer un haut niveau de rentabilité, et cela induit généralement de repousser et reporter des investissements stratégiques, mais jugés peu rentables à court terme. Mais ils ne font finalement que relayer les exigences de leurs clients retraités… Ces actionnaires, aux opinions et aux décisions relayées et amplifiées par les analystes financiers, m'ont également marqué par leur interventionnisme à l'intérieur même du périmètre de l'entreprise dont ils détiennent une part du capital. Souvent jeunes, diplômés et brillants, ils cherchent à tout prix à faire coïncider leur vision de l'entreprise – apprise dans les mêmes écoles, et modélisée sur le même logiciel (Excel, pour ne pas le nommer) – avec la réalité d'un groupe. Chez Elf Aquitaine, par exemple, ils ne concevaient pas qu'un groupe pétrolier ait une branche santé et une branche beauté, pourtant très rentables… Mais ça ne rentrait pas dans la matrice !

De même, chez PSA Peugeot-Citroën, je les ai souvent vus poser des questions sur le maintien des participations dans Faurecia ou Gefco. Ces analystes et, partant, l'ensemble du secteur financier avec eux, ne cherchent rien de plus qu'à reproduire le modèle du leader du secteur, et sont par définition très réticents envers tout ce qui sort du cadre, telles la diversification ou bien les activités contra-cycliques – qui ont pourtant justement pour intérêt d'être à contre-cycle ! En fait, ils ne font que relayer et amplifier les positions de certains investisseurs, qui ont justement diversifié leurs portefeuilles, et ne voient pas l'intérêt de cette ventilation dans l'activité d'une entreprise dont ils détiennent une partie du capital. Ce n'est qu'un exemple parmi d'autres d'une réalité : la finance et l'économie ne recherchent pas le même but, et en tout cas pas dans la même temporalité. Il ne s'agit pas d'agiter ici un drapeau rouge, mais simplement d'entériner un état de fait : le capitalisme financier est un système, et il a ses propres règles.

On parle également beaucoup, dans les médias, des licenciements boursiers. Je n'en ai pas rencontré chez Elf Aquitaine, où le cours de Bourse était plus lié au cours du Brent ou aux troubles au Moyen-Orient. Par ailleurs, les effectifs d'un groupe pétrolier sont dérisoires par rapport aux profits générés. Chez PSA, le successeur de Jean-Martin Folz, Christian Streiff, quelque peu perturbé, avait évoqué, sous la pression des journalistes et analystes financiers, en février 2009, le chiffre de 13 000 suppressions d'emploi ! La Bourse avait immédiatement chauffé (avec + 5 % dans les heures qui suivirent), et mon téléphone aussi ! En fin d'après-midi, Raymond Soubie, alors conseiller social auprès de Nicolas Sarkozy, me téléphonait depuis l'Élysée pour me demander « des comptes » sur cette annonce. Nous avions d'ailleurs refait les comptes : en réalité, Christian Streiff avait additionné les plans de départ volontaires de 2007 et 2008 en France, et des non-remplacements de postes dans différentes unités, à Ryton et en Espagne. Christian Streiff étant injoignable, car dans l'avion pour Londres, nous avons dû, Liliane Lacourt, directrice de la communication, et moi-même, joindre d'une part l'AFP et LCI, d'autre part, pour expliquer l'erreur, afin de corriger les annonces faites au même moment.

Au-delà de ce cas précis, je peux témoigner, comme beaucoup de monde, d'ailleurs, que les analystes financiers, comme les journalistes spécialisés, sont très friands de réductions d'effectifs et de suppressions d'emplois. Comme si la destruction d'emplois était un signe de bonne santé ! Bien sûr, on pourra dire que, d'un point de vue financier, c'est un gage de meilleure compétitivité… Mais je leur trouve moins de dureté, voire de cynisme, lorsqu'ils sont concernés à leur tour par des plans sociaux ! Tout à coup, et c'est systématique, la finance porte atteinte à la liberté de la presse…

En conclusion, si on peut reprocher à ces actionnaires la pression pour la recherche d'une rentabilité optimale, j'ai pu constater, tant chez Elf Aquitaine que chez PSA, que leurs exigences amenaient également à parfaire les reportings financiers, et surtout à se moderniser plus vite. Cette forme d'actionnariat ne génère pas de lourdeur supplémentaire dans les processus de prise de décision, contrairement à d'autres, et elle promeut également le développement à l'international. Mondialisée par définition, la finance est également un puissant moteur de la mondialisation. Or, c'est toujours une grande aventure, pour une entreprise, que de partir à la conquête de nouveaux marchés.

LE SOCIÉTARIAT, OU LE MONDE COOPÉRATIF

Pour les orthodoxes de l'économie de marché et du marxisme – dont nombre de conceptions se recoupent, et les analyses marxistes de l'économie restent parfaitement pertinentes –, les organismes coopératifs peuvent être vus comme des organes de gouvernance très « purs », voire parfaits ! En effet, ce sont les clients, ici appelés « sociétaires », qui élisent les dirigeants. On peut donc en déduire que la connaissance intime des clients et de leurs attentes va de soi : pour se faire élire, les dirigeants se doivent de les satisfaire, et la sanction est immédiate s'ils les oublient par la suite. Les autres éléments spécifiques aux systèmes coopératifs ne manquent pas : chaque sociétaire ne dispose que d'une voix et d'un droit de vote, qu'il soit riche ou pauvre, ce qui met au demeurant l'entreprise à l'abri de toute appropriation ou de toute tentative d'OPA. Par construction, les organismes coopératifs ont un lien fort avec les territoires d'où ils sont issus : c'est d'ailleurs à partir des expériences du terrain – que d'aucuns appellent *bottom up* – que ces groupes sont structurés. En outre, ce sont également des acteurs investis dans le développement durable et la RSE. À ce titre, ils sont très intégrés dans l'économie régionale et locale : les Caisses d'Épargne sont par exemple les banques du logement social, les Banques Populaires sont très investies dans le secteur sanitaire et social et dans l'artisanat…

Lorsque, à l'occasion du rapprochement des Caisses d'Épargne et des Banques Populaires, j'ai rejoint François Pérol, j'étais attiré et intrigué par ce fonctionnement que je reliais à Proudhon : l'expérience de la Banque du Peuple, lancée par Pierre-Joseph Proudhon, et le mouvement des mutualistes proudhoniens me semblaient pouvoir avoir survécu dans ce système de banques mutuelles.

Une fois sur le terrain, j'ai découvert une réalité un peu différente et qui avait largement évolué depuis les principes du début. Tout d'abord, les banques coopératives françaises sont toutes devenues propriétaires de groupes financiers non coopératifs : le Crédit Lyonnais appartient au Crédit Agricole, CIC appartient au Crédit Mutuel, et Natixis appartient au groupe BPCE. Ceci ne manque pas d'entraîner des tensions entre deux visions et des stratégies très opposées ; entre, d'une part, des stratégies globales de rentabilité économique et financière et, d'autre part, des activités opérationnelles tournées vers l'économie sociale ou locale. Si ce grand écart ne pose pas de problème particulier aux dirigeants des caisses ou des banques régionales, il en pose à beaucoup de salariés, souvent anciens, attachés au modèle mutualiste. Ceux-ci vont répétant qu'ils ne « font plus leur métier de conseiller, mais sont devenus des vendeurs de produits », « qu'ils ne conseillent plus l'épargne, mais vendent des crédits conçus pour le profit… ».

Force est de reconnaître que la concurrence bancaire, associée aux exigences des organismes de régulation, a entraîné au fil des années une homogénéisation, voire une banalisation des comportements, des offres, des produits et des tarifs, et de ce fait, des clients et de leur environnement. Les particularités du système coopératif tendent donc quelque peu à s'estomper... bien que restant à mon sens un véritable atout. Par exemple, les enquêtes d'image montrent que les banques mutualistes sont les plus appréciées de leurs clients.

Mais certaines particularités restent bien vivaces. Ainsi, j'ai été frappé de ne jamais entendre parler de la concurrence pendant les 30 mois que j'ai passés au cœur d'un groupe coopératif : je n'ai jamais entendu dire qu'il fallait « taper » la Société Générale ou rattraper la BNP, mais j'ai surtout beaucoup entendu de diatribes des « maisons-mères » contre l'organe central. Le groupe est centré sur lui-même. Il est vrai que le modèle est lourd. Je crois d'ailleurs que ces difficultés ne viennent pas nécessairement de la nature coopérative, mais plutôt de l'organisation d'un groupe coopératif. On y trouve les « maisons-mères » – des banques de plein exercice –, l'organe central, doté par la loi de pouvoirs régaliens, des filiales capitalistiques, et enfin – il ne faut pas les oublier ! – les fédérations, qui sont les « organes politiques ». L'ensemble en devient lourd, difficile à faire évoluer, ou tout simplement à faire fonctionner, et traversé de réflexes et de rites immuables. On y oublie souvent les avantages concurrentiels, en revanche, les arrière-pensées politiques sont partout présentes...

Au plan social, le plus éprouvant reste sans conteste l'énergie titanesque qu'il faut déployer pour obtenir l'accord des différentes banques et caisses (tout en évitant l'ingérence des fédérations), et en convainquant, bien entendu les organisations syndicales, dont certaines ont des pratiques et des positions très éloignées de leurs confédérations ou fédérations. Il est par conséquent très difficile d'innover et de mettre en œuvre de simples évolutions des politiques sociales.

Un exemple parmi d'autres : en février 2010, avec Thierry Debeineix, j'ai étudié et proposé un plan Long Term Incentive (LTI) qui prévoyait une rémunération complémentaire en fonction de l'atteinte des objectifs du plan Groupe 2009-2013. Ce plan à long terme aurait eu comme avantage de renforcer la cohésion du groupe BPCE en alignant les intérêts des salariés sur ceux du plan Groupe. Il permettait également de renforcer le sentiment d'appartenance au groupe BPCE et apportait un complément de rémunération uniforme, indépendant du statut et de l'ancienneté. En outre, ce plan avait, ou aurait eu, le mérite de signaler à l'extérieur que les banques sont capables de travailler et de rémunérer dans une optique de long terme. Versé sous forme d'un supplément d'intéressement, la solution la plus adaptée pour l'entreprise et les salariés au plan social et fiscal, le montant distribué aux 100 000 salariés n'aurait représenté que 1 % du résultat net part du Groupe cumulé pour la période. C'était donc un système simple, qui se voulait motivant, mais qui n'a obtenu qu'un succès d'estime auprès des différents dirigeants, lesquels ont fini par poser très vite leur veto. Il était inconcevable de verser un intéressement dit « Groupe » à leurs salariés ! Chaque banque ou caisse régionale fait ce qu'elle veut de ses profits ! Je suis revenu une seconde fois « au charbon » avec l'appui engagé de François Pérol : même résultat !

J'ai rencontré le même type de difficultés lorsqu'il s'est agi de décider de verser, en 2009, une prime en cas d'augmentation des dividendes au cours des années antérieures. Est-ce que BPCE était concerné ? La société BPCE, organe central, versait des dividendes à ses actionnaires Caisses d'Épargne et Banques Populaires, et sa filiale Natixis versait également des dividendes à ses actionnaires publics. Comment avais-je pu avoir l'outrecuidance de considérer que BPCE était l'organe central ? Il s'en était alors suivi un long débat, non pas sur la question des dividendes en augmentation, mais bien plutôt sur le fait que l'organe central n'était en rien dominant ! Autre démonstration par l'exemple de cette fâcheuse « pseudo-absence » d'organe dominant au sein de BPCE : il aura fallu rien moins qu'un article de loi pour installer un Comité de groupe du réseau bancaire qui soit représentatif des différentes « branches », là où dans d'autres entreprises, l'application de la loi générale ne pose pas de problème.

S'il existe bien une véritable solidarité financière, si le groupe parle bien d'une seule et même voix au régulateur, l'intégration est beaucoup plus difficile en matière sociale, puisque c'est à chaque fois le législateur qui a institué des « branches » sur mesure : branche Caisse d'Épargne, branche Banque Populaire. Car il ne suffit pas d'additionner des caisses ou des banques régionales pour créer un groupe homogène sur le plan social. Au demeurant, je continue à m'interroger : est-ce véritablement le souhait de tous, au sein des banques et dans leur environnement ?

L'ACTIONNARIAT FAMILIAL

On a coutume de dire que « le père développe, le fils fruc-
tifie, et le petit-fils dilapide ». Rien de tel dans l'histoire
et l'actualité de la famille Peugeot, propriétaire d'une
entreprise familiale fondée en 1810, et qui constitue
depuis deux siècles une grande et belle aventure industrielle. Cette entreprise familiale, créatrice et propriétaire
à l'origine de fonderies d'acier, a développé par la suite
une liste de produits stars digne d'un inventaire à la Prévert (mais tous nés de l'acier) : lames de scie, moulins à
café, outils, machines à coudre, baleines de parapluie, et…
montures d'acier pour crinolines ! En 1886, elle se lança
dans la production de bicyclettes, puis de motocyclettes.
Ensuite, première mondiale en 1891 : la fabrication en
série d'une automobile, la Type 3. « Un groupe industriel
moderne, qui ne cédait pas aux effets de mode, mais qui
savait épouser son temps », comme le décrivait si bien
Pierre Peugeot. La visite du musée Peugeot, à Sochaux,
constitue un vibrant hommage à la richesse de ces deux
siècles d'aventure industrielle.

Elle témoigne également d'une conception de l'actionnariat familial, avec une société détenue par les membres
d'une même famille depuis deux siècles. Leur objectif
premier n'est pas la recherche immédiate d'une rentabilité maximale, mais bien la pérennité de l'entreprise, afin
de la transmettre aux générations futures, comme on leur
a transmis. Et cela reste d'ailleurs une priorité dans de
nombreuses entreprises : l'actionnariat familial représente
en effet 65 % de l'actionnariat sur les marchés français, et
44 % au niveau européen.

En matière sociale, les Peugeot ont, dès la moitié du
XIXe siècle, développé des politiques sociales inédites :

caisses d'épargne, secours mutuel, assurances, écoles, soins gratuits, hôpitaux, centrales d'achat, et encore beaucoup d'autres innovations. D'aucuns, aujourd'hui, parlent de paternalisme, mais je continue pour ma part à appeler ceci des politiques sociales d'avant-garde : on entend moins d'ailleurs de cris d'orfraie sur les méfaits du paternalisme depuis que l'on est entré dans l'ère du capitalisme financier. Dans le cas de Peugeot, il s'agissait aussi, et évidemment, d'un intérêt bien compris, et mutuel : en fidélisant les ouvriers, on accroissait également la performance de l'entreprise. Au-delà, il ne faut pas perdre de vue un dernier point, peut-être le plus fondamental (et le plus diffus) : Peugeot, c'est une famille !

C'est sans conteste chez PSA que j'ai passé les dix meilleures années de ma vie professionnelle. Le produit est captivant et ne laisse personne indifférent ; il fait toujours l'objet de grands débats ; et les femmes et les hommes que j'y ai rencontrés sont tous attachants, et attachés à l'entreprise : les liens avec un groupe de culture familiale sont toujours plus forts qu'ailleurs. C'est chez PSA que j'ai pu faire le plus d'innovations sociales : GPEC, diversité, accord mondial sur la RSE, égalité professionnelle, innovations salariales, retraites supplémentaires, gestion par familles professionnelles, système de qualification fondé sur les compétences mises en œuvre… C'est également chez PSA que j'ai pu contribuer à ancrer le dialogue social au cœur de l'évolution culturelle et stratégique de l'entreprise.

Tout cela a été rendu possible grâce à une conjoncture positive et une bonne conjonction des événements, mais également, et peut-être même au premier chef, grâce à une grande intelligence des membres de la famille Peugeot.

Celle-ci, consciente des faiblesses ou des difficultés inhérentes à l'actionnariat familial de longue date, a su faire appel à des managers externes, tels que Jean-Paul Parayre, Jacques Calvet, Jean-Martin Folz, Philippe Varin… C'est bien là en effet tout l'enjeu pour les générations actuelles et suivantes : il s'agit avant tout de ne pas s'inscrire dans la gestion courante, tout en continuant à s'inscrire dans la gestion à long terme. Cela peut sembler un paradoxe, voire un dilemme, mais c'est la seule voie pour conserver un pacte d'actionnaires familial encore digne de ce nom. Sachant cela, j'ai bien sûr entraperçu, au cours de mes années passées au sein du Groupe, quelques membres de la famille vouloir, sous prétexte de se tenir au courant, questionner les managers ou recueillir des doléances… Surtout, il est vital que les membres de la famille restent en dehors, et laissent le Directoire gérer les opérations à court et moyen termes !

Le deuxième enjeu (ou risque) inhérent à l'actionnariat familial, porte sur les lourdeurs dans la prise de décision. Des managers, certainement de mauvais esprits, racontent qu'il faut trois mois à la famille pour décider de repeindre une pièce, puis trois autres pour décider de la couleur ! Il est vrai que les cousines et cousins peuvent diverger, ce qui engendre des délais dans la prise de décision. En outre, les médias, toujours prompts à surfer sur l'écume des événements, sont très friands des divergences qui peuvent se faire jour entre les trois branches familiales, et se sont également fait l'écho, en particulier, de conflits entre Robert et Thierry. Ces conflits existent certainement et l'union est difficile à atteindre, mais le consensus finit toujours, pour le moment, par émerger… J'ai personnellement été témoin de cet état de fait lorsque s'est posée la question du remplacement de Christian Streiff, à la suite de son accident vasculo-cérébral, où huit mois de réflexion ont été nécessaires pour parvenir à son remplacement. La famille Peugeot, qui détient environ 25 % du capital, possède le contrôle du groupe et de sa stratégie. Toute divergence entre les membres, ou tout retard dans la prise de décision, peut être vital pour l'avenir.

Je ne vais pas reprendre ici toute la lignée Peugeot. En sus de Roland et de Bertrand, qui m'ont marqué pour des raisons différentes et à des degrés divers, je voudrais m'arrêter sur trois membres de la famille. J'ai tout d'abord beaucoup apprécié la grandeur et l'humanisme de Pierre, président du Conseil de surveillance à mon arrivée dans le Groupe, décédé en 2002. Lorsqu'au début de l'année 2000, j'ai signé un protocole d'accord pour mettre fin aux discriminations envers la CGT et « rattraper » les cas individuels, Pierre, m'invitant au « Club » − le restaurant des dirigeants au siège de l'Avenue de la Grande Armée − me dit : « Alors, Monsieur Vergne, vous donnez de l'argent à la CGT ?! ». Il y avait bien un point d'exclamation et un point d'interrogation dans sa phrase, et je restai coi, dans l'attente et l'expectative. Il reprit : « Il n'y a que vous qui pouviez le faire. C'est bien pour le Groupe, et c'est bien pour le climat social ». Je respirais alors à nouveau. Pierre Peugeot était un grand monsieur, d'un abord réservé, mais très convivial, conscient de ce qu'il pouvait apporter, mais aussi de ses limites. Il savait prendre du recul et ne pas réagir dans l'urgence. Lui aussi savait « épouser la modernité sans céder aux modes ». S'il n'était pas si tôt disparu, le Groupe aurait certainement eu une autre trajectoire.

Robert, que j'ai eu le plaisir de côtoyer et d'apprécier au comité de direction générale, est certainement le membre de la famille qui connaît le mieux l'automobile, sa

complexité et ses marchés. Fin, ayant une culture internationale, c'est aussi un organisateur et un développeur. À la
mort de Pierre, la famille a fait barrage lorsqu'il a voulu
lui succéder à la présidence du Conseil de surveillance.
C'était, pour les cousins, « Tout sauf Robert » ! Il s'est
finalement replié sur la gestion des actifs familiaux où, au
demeurant, il réussit brillamment.

Enfin, je continue à penser que Marie-Hélène, brillante,
très ouverte, très humaine comme son père Pierre, aurait
fait – ou ferait – une bonne présidente. Mais, en 2002, il
était peut-être encore un peu trop d'avant-garde d'envisager de nommer une femme à la tête d'un groupe industriel… Ce serait possible aujourd'hui. C'est à ce genre de
considérations rétrospectives que l'on peut aussi voir le
chemin parcouru dans le domaine de l'égalité hommes/
femmes.

Aujourd'hui, le groupe PSA Peugeot Citroën vit des
moments difficiles, perd des parts de marché et des
volumes de vente conséquents, dans un marché européen en pleine attrition. Les usines tournent à 65 % de
leur capacité, et le Groupe parvient difficilement à percer
en Chine, un relais de croissance pour ses concurrents
directs. On ne peut que regretter que l'ébauche de par-
tenariat avec BMW sur les petits moteurs à essence, en
2005, n'ait pu aller plus loin. À l'époque, les deux dirigeants opérationnels avaient œuvré pour le rapprochement, ou tout au moins pour des contacts entre les deux
familles propriétaires. À l'évidence, ces contacts n'avaient
pas été concluants. C'est regrettable, à mon sens, car les
deux gammes étaient complémentaires : PSA Peugeot
Citroën apportait à BMW le volume pour atteindre une
taille équivalente à celle d'Audi et VAG réunis, et la firme

bavaroise apportait une notoriété et un savoir-faire dans le haut de gamme à PSA Peugeot Citroën.

Aujourd'hui sorti de l'entreprise, je ne suis plus au fait des options et ne peux ni porter de jugement, ni encore moins donner de leçons. En revanche, ce que je crois, c'est que PSA Peugeot Citroën continue à concevoir de très belles voitures, toujours compétitives. Les voitures Peugeot et les voitures Citroën n'ont rien à envier aux Toyota ou aux Volkswagen ! Pourtant, dans un marché européen décrit comme peu rentable, en voie de rétrécissement, dans lequel le low cost se développe, les Allemands et les Japonais tirent leur épingle du jeu…

Quelle solution pour PSA Peugeot Citroën ? À mon sens, la direction commerciale unique créée en 2010 était une erreur, il faut repositionner les deux marques et dynamiser l'émulation. Les marques ont une très bonne image, construite sur plusieurs décennies. Il ne faudrait pas brouiller ou affadir les messages par un positionnement pas forcément évident : lancement de véhicules plus simples et moins chers à côté de véhicules premium ou de montée de gamme.

Il faudrait surtout réintroduire de vrais vendeurs, capables d'animer les réseaux et d'enthousiasmer les concessions. On n'a que faire de théoriciens, de spécialistes de Power-Point et du marketing pour enthousiasmer le collectif et sillonner le terrain… bien au contraire ! Enthousiasmer le collectif, c'est d'ailleurs un des remèdes à préconiser pour l'ensemble de l'entreprise, aujourd'hui quelque peu déboussolée.

Enfin, au plan stratégique, il semble que l'alliance avec General Motors ne convainque pas totalement les marchés, ni les salariés : ce rapprochement avec GM entraînant la fin des partenariats avec Ford et BMW, la fin des livraisons sur le marché iranien… L'alliance avec GM se limiterait-elle à l'Europe avec Opel, qui se porte mal et qui est en outre concurrent direct des gammes Peugeot et Citroën ? Une alliance avec un constructeur chinois aurait permis d'éviter une compétition technologique et commerciale en Europe, d'obtenir plus de moyens financiers, et surtout d'ouvrir d'un marché en pleine expansion.

Au moment de terminer ce manuscrit, dans les derniers jours de juin, des rumeurs font état d'une montée de General Motors dans le capital de PSA Peugeot Citroën, et/ou de l'entrée dans le capital du partenaire chinois Dongfeng. Cela voulait dire que pour sauver l'entreprise, la famille Peugeot accepterait d'en perdre le contrôle ? L'État laissera-t-il un des fleurons de l'industrie française devenir chinois ou américain ? À suivre…

Un dernier mot sur les difficultés sociales du site d'Aulnay-sous-Bois : l'avenir du site était écrit dès 2008, et j'avais à l'époque défendu l'orientation de créer un grand pôle industriel en région parisienne à Poissy, transformant Aulnay en annexe de Poissy. On y aurait alors placé une direction unique, avec une unification des produits fabriqués et du management. La nomination de mon adjoint à la tête de l'usine de Poissy constituait la première étape du plan. J'ai bien conscience que le changement de président du Directoire, le poids des calendriers financiers et les enjeux politiques et électoraux de l'année 2012 ont entraîné des retards dans le traitement du problème, qui s'est soldé par une annonce brutale en juillet 2012. Au total, ce sont quatre années qui ont été perdues, et qui auraient pu être mieux utilisées à pratiquer des reclassements, des mobilités, des négociations, dans un contexte –

de 2009 à 2011 – certes difficile et turbulent, mais moins qu'en 2013. Ceci étant dit, lorsque le cas d'Aulnay-sous-Bois sera réglé, et l'usine fermée, les problèmes d'excédents de capacité en Europe de l'Ouest resteront posés.

J'en profite pour m'insurger ici contre le mauvais procès fait par des politiques à la famille Peugeot. Non, la famille n'a jamais privilégié les dividendes à l'aventure industrielle ! Oui, le groupe a privilégié ses usines en France, et l'industrie française. Pour preuve, le groupe produit en France deux fois plus de véhicules qu'il n'en vend ! Et c'est peut-être d'ailleurs parce qu'il a privilégié cette stratégie qu'il est malheureusement dans cette situation critique…

POUR UNE GOUVERNANCE ÉQUILIBRÉE : LA STRUCTURE CONSEIL DE SURVEILLANCE/DIRECTOIRE

Pour finir, au-delà des différentes formes d'actionnariat et de gouvernance que j'ai connues au cours de ma carrière, je souhaiterais conclure sur une dernière remarque, et signaler l'intérêt que présente, à mes yeux, la structure Conseil de surveillance/Directoire, notamment par rapport à la forme plus classique Conseil d'administration/président-directeur général. J'ai connu les deux configurations à tour de rôle au cours de ma carrière, et j'ai pu observer que la séparation claire et nette des fonctions de gestion, confiées au Directoire, et de contrôle, dévolues au Conseil de surveillance, constitue la forme de répartition des pouvoirs la plus équilibrée et la plus cohérente. La spécialisation des membres du Directoire (production, finances, ressources humaines) facilite la résolution des problèmes et évite la nomination d'un PDG qui centralise tous les pouvoirs.

Mais je suis également conscient que le principe de collégialité inhérent au Directoire ne colle pas aux mentalités françaises, jacobines jusque dans les organigrammes. Certains dirigeants pensent d'ailleurs que l'unicité du pouvoir est garante de la performance de l'entreprise. On voit bien poindre une esquisse de séparation entre l'opérationnel et le contrôle, soit entre président et directeur général. Mais souvent, c'est pour organiser par une transition lente, la succession d'un PDG : ce dernier devenant président, occupant la fonction à titre principalement honorifique…

Par ailleurs, un mot sur l'adoption de la loi du 14 mai 2013 sur la sécurisation de l'emploi, reprenant l'accord du 11 janvier 2013 qui prévoit que deux représentants des salariés (un si moins de 12 administrateurs au Conseil) devraient siéger dans les conseils d'administration ou de surveillance. Le rapport Gallois prévoyait quatre administrateurs représentants des salariés, soit 30 %. Je suis, tout en saluant cette première étape, plus que favorable à aller au-delà de la loi, qui constitue un minimum : ceci ne peut être que bénéfique si on veut que la stratégie de l'entreprise soit partagée par l'ensemble des parties prenantes. De même, il est souhaitable qu'un administrateur salarié siège au comité de rémunération, ne serait-ce que pour éviter dérives, d'une part, ou fantasmes, d'autre part…

Chapitre 7

Plaidoyer pour l'industrie

Innovation et production, les deux mamelles de l'industrie

En juin 2001, Serge Tchuruk annonçait, dans une déclaration restée célèbre, son intention de transformer Alcatel en une « entreprise sans usines ». L'entreprise se consacrerait à l'avenir à la R&D et à la gestion des marques, la production serait externalisée, *a priori* dans des pays à bas coûts. Cette déclaration fut vécue comme un coup de massue sur l'industrie, de la part d'un grand patron connu et reconnu… Aujourd'hui, Alcatel est une marque reconnue dans son milieu, effectivement détentrice de licences et de brevets enviables, mais qui navigue en permanence au bord d'un gouffre financier et boursier.

Quelques années plus tard, Jean-Louis Borloo parlait de l'avenir des métiers du tourisme et surtout des services pour la France, affirmant que « les services seraient les emplois de demain ». Même si ce n'était pas le but recherché par cet homme qui s'est souvent investi pour sauver et développer l'industrie dans le Valenciennois, son message a souvent été décrypté comme annonçant « la fin de l'industrie ».

Il n'en fallait pas tant pour une industrie française déjà en mauvais état. Pour certains, elle paraissait déjà chère, pas compétitive, polluante, et surtout minée par d'incessants conflits sociaux, avec un dialogue social entre directions et syndicats toujours dur et difficile. Ce dernier point constituait un véritable point d'achoppement pour de nombreux observateurs et/ou investisseurs potentiels, en particulier venant de l'étranger.

Longtemps, contrairement à d'autres grands pays, l'industrie n'a pas été soutenue ni promue au plus haut niveau de l'État. Pendant plusieurs décennies, il n'y a même pas eu de ministre de l'Industrie, alors que l'agriculture et la pêche étaient représentées ! Il y a parfois eu un secrétaire d'État, rattaché à la rue de Rivoli ou à Bercy. On entend actuellement beaucoup celui qui tient ce rôle aujourd'hui, Arnaud Montebourg, sur de nombreux sujets – pas toujours industriels – mais on peine à se souvenir de l'action en faveur de l'industrie de ses prédécesseurs…

QUAND ON N'A PAS DE PÉTROLE, ON A DES IDÉES… ET DES USINES

Lorsque le secteur secondaire n'est plus considéré comme une priorité, les répercussions s'en ressentent dans l'ensemble de la société. Il suffit de considérer l'évolution des bassins du Nord – Pas-de-Calais et de l'Est, où les mutations ont dépassé la « simple » problématique de l'emploi, et portent aujourd'hui, après trois décennies de désindustrialisation, sur la culture et le comportement des citoyens. La mort lente d'une industrie remet en cause l'existence des sociétés qui se sont développées dans son sillage, et entraîne la disparition de connaissances et de savoir-faire, avec la fermeture des centres de formation, des IUT, des universités… Pourtant, malgré le discours décliniste dans lequel nous baignons, il ne s'agit pas là non plus d'une fatalité ! Une industrie florissante peut exister et entraîner toute une région dans son sillage : c'est le cas, par exemple, de l'aéronautique et de la région de Toulouse.

L'industrie, dans un pays, est indissociable de la science et du progrès. En France, malgré un déclin, l'industrie concentre à elle seule 85 % de la R&D : ce sont des progrès, inventions et innovations qui créent la richesse d'un pays – « Quand on n'a pas de pétrole, on a des idées ! » avait coutume de dire Valéry Giscard d'Estaing. Ainsi, en France, l'industrie pharmaceutique, l'automobile, l'aéronautique, le nucléaire, restent des secteurs moteurs, et surtout exportateurs ! En outre, en forçant le trait, un pays qui devrait acheter 100 % de ses produits serait effectivement gouverné par la finance, et nous n'en sommes tout de même pas – encore – là !

Lorsque l'on ne dispose pas de ressources énergétiques, l'industrie est bien la clé pour l'exportation et pour l'équilibre de la balance commerciale. On n'exporte pas de services, on exporte des biens manufacturés et des produits industriels ! L'industrie est bien la vitrine d'un pays, et lorsque le président de la République part en voyage officiel, que ce soit en Chine, au Brésil ou au Maroc, quels sont les chefs d'entreprise qui l'accompagnent ? Ce sont bien les présidents de Total, d'Areva, de Sanofi, de Dassault et d'EDF… ainsi que de nombreux patrons de PME industrielles.

Mais l'industrie est mal en point !

Les chiffres parlent d'eux-mêmes : on a assisté en France à une perte de deux millions d'emplois industriels en 30 ans, dont 800 000 au cours des 10 dernières années. La part de l'industrie dans les emplois était de 14 % en 2011, alors qu'elle était de 22 % en Allemagne. La part de l'industrie dans la valeur ajoutée s'affichait à 12,5 % en 2011, contre 18 % en 2000 ; sur la même période, l'industrie allemande s'est maintenue à 26 %… Ce décrochage industriel se traduit par un déficit commercial. Hors énergie, la balance commerciale française était excédentaire de 25 milliards d'euros en 2002, alors qu'elle a enregistré un déficit de 25 milliards d'euros en 2011.

Que faire ?

Tout d'abord, la première urgence, à mon sens, réside dans le niveau du coût du travail qu'il faut impérativement faire baisser, ainsi que le préconise le rapport sur la compétitivité de Louis Gallois. La dégradation de notre industrie est certes due à de multiples facteurs, mais avant tout au renchérissement du coût du travail. Lors des 10 dernières années, le coût salarial de l'industrie manufacturière a rattrapé celui de l'Allemagne, là où il lui était auparavant inférieur de 15 %. Cette perte de notre avantage sur le prix est d'autant plus dommageable que les industriels français ne sont pas parvenus, dans le même temps, à imposer un « Made in France » permettant de vendre leurs produits plus chers, comme l'ont fait les constructeurs et industriels allemands avec le « Made in Germany ».

Le crédit d'impôt compétitivité emploi, mis en place par le gouvernement de Jean-Marc Ayrault, va réduire de fait le coût du travail d'à peu près 2,6 % dans l'industrie. C'est une bonne démarche, qui va donner une bouffée d'oxygène et améliorer sensiblement les marges des entreprises industrielles. Mais c'est très insuffisant pour améliorer la compétitivité à long terme de l'industrie française. De même, l'accord signé par les syndicats sur la flexibilité et la sécurité de l'emploi, ainsi que ceux signés dans de nombreuses entreprises, vont dans le bon sens et permettront effectivement de libérer des marges de manœuvre.

Mais il est impératif, dans un pays tel que le nôtre, ayant la chance de connaître un fort niveau de développement, de développer la qualité et l'innovation. Il est rigoureusement impossible d'être compétitif, à court et à moyen termes, face à des pays à bas coûts. Seule l'innovation nous permettra de redresser la barre, à l'image de ce que fait SEB, qui dépose 300 brevets par an et qui se différencie par le haut face aux constructeurs asiatiques. Face aux produits low cost, une innovation telle que la friteuse sans huile, par exemple, s'est révélée une stratégie gagnante !

L'innovation crée en effet la différenciation indispensable à la bonne valorisation des produits et sa rémunération comme telle par les consommateurs. Par ailleurs, et le DRH que je suis n'y est pas insensible, elle entraîne la création d'emplois qualifiés et pérennes. Mais surtout, il faut développer une véritable politique industrielle passant, entre autres, par la vision d'un État stratège doté d'une capacité d'intelligence économique, capable d'éclairer l'avenir, de lancer des programmes ambitieux et de susciter le dialogue entre chercheurs, chefs d'entreprise et organisations syndicales ou de consommateurs.

Cette vision pourrait d'ailleurs également être portée par les régions, dans une nouvelle étape de la décentralisation, au milieu du gué depuis 30 ans. Comme l'a développé mon ami Alain Rousset, président de l'ARF (Association des régions de France), « les régions ont un rôle à jouer, en créant des clusters, en accompagnant le développement économique des petites et moyennes entreprises (PME) pour en faire des entreprises de taille intermédiaire (ETI). C'est le modèle allemand, il fonctionne, nous devons nous en inspirer. Il faudra également renforcer les filières industrielles qui favorisent les relations entre grandes entreprises, ETI et PME, avec les grandes entreprises qui assument un rôle d'animation de la filière ».

Au passage, il faudra bien s'atteler à résoudre cette problématique : pourquoi n'avons-nous pas, comme en Allemagne, des entreprises de taille intermédiaire ? Nos PME innovantes rencontrant parfois des difficultés pour financer leur développement sont trop rapidement revendues à des grands groupes ou à des fonds de pension, et ont de ce fait le plus grand mal à grossir…

Pour conclure

L'industrie donne du sens à un pays, à ses régions, à la collectivité. Vitrine au niveau international, elle élève, par la recherche, la formation, l'innovation, le niveau de compétences et de développement d'un pays. Il est vital de s'en rendre compte, notamment au plus haut niveau de l'État ! Hommes politiques, chefs de grandes entreprises, patrons d'ETI et de PME, banques et sous-traitants coopèrent plus, et se mobilisent pour redorer le blason de la filière industrielle. De même, les partenaires sociaux doivent orienter leur dialogue vers la création et le partage de richesses.

J'ai parlé de l'importance d'un ministère de l'Industrie, et on parle beaucoup d'Arnaud Montebourg dans ce rôle. Sur le fond, je ne remets pas en cause son initiative lorsqu'il a stoppé l'opération Yahoo/Dailymotion. J'aurais souhaité à l'époque un même type d'intervention pour Péchiney. Mais si je conviens que l'entreprise, les ingénieurs, les technologies doivent rester en France tout en trouvant les moyens de son développement, la forme est aussi importante que le fond. Le ministre n'a pas respecté la gouvernance, mais surtout a mis un coup de canif sur le secret des négociations. Et ces manquements sont rarement oubliés ou pardonnés.

Chapitre 8

Mon engagement pour l'égalité des chances

Une question de justice sociale, mais aussi d'intérêt économique bien compris…

En signant, le 4 novembre 2003, avec les six organisations syndicales représentatives (CFDT, CFTC, CGT, CGC, FO et GSEA), un accord précurseur sur le développement de l'emploi féminin, PSA Peugeot Citroën est devenu le premier groupe français en faveur de l'égalité professionnelle hommes/femmes. Ceci, à l'époque, nous avait valu la première page du *Monde* et de nombreux articles, interviews et reportages, mais je ne souhaitais pas en rester là… La dynamique enclenchée par ce premier accord s'est donc amplifiée et prolongée avec la signature, le 8 septembre 2004, d'un accord majeur sur la diversité et la cohésion sociale, signé et approuvé par les six mêmes organisations syndicales. Cet accord fut lui aussi une première en France : il a depuis été reproduit et adapté dans de nombreux autres groupes industriels et de services.

Ensuite, nous avons franchi un échelon supplémentaire avec la mise en place d'un accord cadre au niveau mondial sur la Responsabilité sociale de l'entreprise (RSE) du groupe PSA, signé le 1er mars 2006 par la Fédération internationale des organisations de travailleurs de la métallurgie (FIOM), la Fédération européenne des syndicats, et près de 85 organisations syndicales des pays d'implantation. Comme lors de la première initiative, ces engagements ont valu à PSA – et à moi-même – de nombreux articles, dont la Une de grands quotidiens, interviews radios et TV, reportages, ainsi que deux consécrations : le label Égalité, obtenu en janvier 2005, et le premier label Diversité, obtenu début 2009. En outre, le groupe PSA Peugeot Citroën fut alors élu en 2007, par Vigéo et *La Tribune*, champion du dialogue social et des politiques RH en Europe !

QUAND L'ORIGINE PRIME SUR LA COMPÉTENCE

Pourquoi m'être engagé sur cette voie, au début des années 2000, alors que ce n'était pas encore un enjeu social, comme il l'est ensuite devenu ? Pour plusieurs raisons, liées à mon parcours mais aussi à mes observations sur le terrain. Tout au long de ma carrière, lors de mes visites d'usines terminales de production automobile ou des usines de fonderie, j'avais pu constater la présence d'une forte population ouvrière issue des pays du Maghreb et d'Europe centrale. Arrivés au début des années 1970, ils s'étaient intégrés sans difficultés dans les équipes et les usines. Très souvent, avec réussite. En revanche, encore 30 ans après, tous les contremaîtres et chefs d'équipe (responsables d'unités, responsables de groupes, directeurs d'unités terminales) étaient de « bons Français » ! Cet apartheid silencieux – et peut-être plus ou moins inconscient, de part et d'autre – n'allait pas sans me choquer, et toutes les réponses que j'avais pu obtenir à mes questions ne me satisfaisaient pas. En grattant un peu, j'avais vite compris que tant les DRH que les recruteurs ou directeurs n'étaient pas racistes ni xénophobes, au sens où on l'entend généralement : ils ne pratiquaient aucun ostracisme conscient à l'égard des populations immigrées ou issues de l'immigration. Mais ils reproduisaient un modèle conçu « par des petits Blancs pour des petits Blancs », fondé avant tout sur des réseaux et du relationnel, mais pas sur les compétences réelles de chacun.

D'aucuns pourraient considérer cela comme ressortant d'une pente naturelle, contre laquelle il est illusoire de vouloir lutter, mais ce n'est pas là ma vision des choses. En effet, je pensais, et pense toujours, que l'entreprise, par définition, doit chercher à avoir une clientèle aussi diversifiée que possible, et qu'intégrer en son sein des profils variés, tant par la formation, la culture, que par les origines, facilite la compréhension que l'on peut avoir de la société, des clients, et donc de mieux les satisfaire.

Par ailleurs, au niveau sociétal, si l'on ne fait aucun effort pour faciliter l'intégration et reconnaître les compétences des jeunes de banlieues, des enfants d'immigrés, alors nous allons au-devant de jours, ou plutôt de nuits, difficiles…

À L'ORIGINE… MES ORIGINES !

C'est là une vision pragmatique des choses, que je revendique toujours, mais ce n'est pas la seule raison à mon engagement pour l'égalité des chances et la lutte contre les discriminations. Mon enfance joue également un grand rôle dans cette démarche, et je ne cherche pas à le cacher : j'ai coutume de dire que l'on se construit sur ses blessures d'enfance. Pour ma part, j'ai été confronté à des inégalités de classe, à des comportements d'exclusion, du fait de mon origine sociale, que j'ai parfois mal vécus. Fils d'un ouvrier charpentier, qui avait suivi l'école jusqu'au BEPC, et d'une mère qui avait quitté l'école très tôt, sur l'insistance de grands-parents qui réclamaient des bras pour les travaux agricoles, je viens d'un milieu très modeste – dans une ville, Bordeaux, par endroits très bourgeoise.

À la fin de mon école communale, sur la rive droite de la Garonne, là où habitaient les ouvriers et les classes populaires (Cenon, Floirac, Lormont, le « 9.3 » de la région), la question de la suite de mes études s'est posée, et surtout la question du collège que j'allais pouvoir fréquenter. Deux grands lycées, à Bordeaux, dans les années 1960, se partageaient le haut du pavé : Montaigne et Montesquieu. Il était tout simplement hors de question que j'y fusse admis : ils étaient trop bourgeois. Mon instituteur conseilla alors que je passe le concours d'entrée en cinquième du Lycée technique du Cours de la Marne – « ainsi, j'aurai un métier… ». Je fus reçu 105e sur 105 (sur un bon millier de candidats, je tiens à le préciser). Là, je vécus mes premières difficultés, par exemple lorsqu'il fallait disserter sur les vacances… Mes parents ne partaient pas, et cela eut pour conséquence de développer mon imagination ! Je subissais de temps en temps quelques railleries sur mes vêtements, pas à la mode, de la part des autres élèves issus de classes un peu supérieures à notre condition ouvrière. Mais je ne tiens pas à jouer le Petit Chose : je réglais ces questions à la récréation. Et cela m'a aguerri. De même, le fait de devoir travailler les étés dès 15 ans, pour gagner mon argent de poche, m'a beaucoup apporté et appris.

J'ai eu la chance d'être aidé, soutenu et accompagné par des parents qui m'aimaient, tout au long de ces années de formation et ensuite, ce qui est sans prix ! Ils m'ont transmis le goût de l'effort et de la dignité, et cela constitue le plus précieux viatique pour réussir sa vie.

Dès 11 ans, tous les matins à 6 heures : une demi-heure de marche et une demi-heure de bus avec un cartable rempli de livres et de classeurs. Début des cours à 8 heures. Fin à 17 ou 18 heures. 40 heures de cours par semaine, plus les devoirs à la maison. Cela nécessite énergie, volonté, résistance, efforts… C'était à bien y réfléchir formateur. Mais dans ce lycée, j'ai passé six années de plaisir, y compris pendant les séances d'atelier – bois et fer – 4 heures obligatoires toutes les semaines, cela vous apprend un peu les plaisirs et les affres du travail manuel. Je n'avais qu'une envie : m'en sortir. En tout cas, je tiens à remercier le proviseur Violet, malgré les dizaines d'heures de colle dont j'ai bénéficié pour indiscipline, et les professeurs pour la qualité de leur enseignement. Ils m'ont permis d'échapper à l'appel des bandes de banlieue, et surtout, ils m'ont appris à apprendre. Ce sont les vertus de l'école laïque… Et je resterai à jamais un ardent défenseur de l'école laïque et publique.

Au terme de mes années de lycée technique, en 1967, j'ai obtenu un baccalauréat de technicien en comptabilité, et je n'étais pas assez bon en mathématiques pour envisager de préparer les Arts et Métiers. Voulant encore progresser, un peu pour prendre « une revanche sur la société », j'ai donc choisi la faculté de droit, parce que je ne pouvais pas aller ailleurs, et aussi parce que je commençais à être sensible aux questions de justice sociale et de justice tout court. J'y entrais donc en 1967, j'étais boursier et je faisais partie du 1 % de fils d'ouvriers étudiants en droit. Les différences de classe sociale étaient nettement plus flagrantes qu'au lycée : je faisais de l'autostop tous les jours place de la Victoire pour rallier Talence, et mes condisciples étudiants en droit détournaient toujours la tête et m'ignoraient lorsqu'ils me croisaient. Mais j'avais plus de chances, et plus d'amis, parmi les étudiants du CREPS et les étudiantes en lettres… Les Blazy, de Caunes, Ducos Ader, qui sont tous devenus des avocats célèbres, m'ont tous snobé. Il est vrai que le printemps 1968 arrivait, que je m'étais laissé pousser la barbe et les cheveux, et que mes treillis détonnaient au milieu des blazers croisés.

J'arrêterai là avec mes souvenirs d'ancien combattant affilié à l'UNEF, où j'ai assumé un engagement militant pendant quelques années, autour du printemps 1968. Pour moi, qui étais fils d'ouvrier, Mai 68 a joué un rôle important, plus sur le plan culturel que purement et simplement politique. À la maison, dans les foyers modestes, la culture n'avait pas sa place à table, et les discussions portaient plus sur le coût de la vie et la manière de joindre les deux bouts que sur les concerts, les expositions ou les derniers livres primés. Mai 1968 m'a ouvert les portes de la culture et de l'international et a brisé mes déterminismes sociaux. Toutes les études (statistiques) montrent que le niveau d'études est fortement corrélé au milieu social d'origine – et la courbe ne tend pas vers une plus grande diversité, bien au contraire, comme l'expose une récente étude de l'INED. En outre, à niveau de réussite comparable entre deux étudiants, l'orientation vers les voies les plus nobles – porteuses ou lucratives – est également marquée par le milieu d'origine. De même, on connaît tous les manœuvres et les stratégies familiales pour parvenir à faire entrer leurs enfants dans les meilleurs lycées. On se rend finalement compte que la question de la carte scolaire est anecdotique : la population d'Henri IV n'a pas changé d'un iota, carte scolaire ou non !

L'ESCALIER SOCIAL PLUTÔT QUE L'ASCENSEUR

La méritocratie républicaine dont je suis, d'une certaine manière, et dans un certain sens, un produit, semble bien avoir vécu. Pour autant, des progrès ont tout de même été accomplis depuis les années 1960. Elle m'a permis de prendre l'escalier social, une formule que je préfère à celle de l'ascenseur : l'escalier implique un effort, et se monte pas à pas… Je ne vais pas raconter les difficultés que j'ai pu rencontrer dans la vie active. L'absence de relations, de réseaux, de grande école m'a valu réflexions, moqueries, voire mise à l'écart. Peu importe, je ne vais pas m'appesantir, la rancune n'est pas constructive. Depuis, grâce à mon travail, mes efforts pour comprendre et apprendre certains codes, j'ai pu évoluer, mais sans oublier d'où je viens et les difficultés rencontrées. D'où mon engagement pour l'égalité.

C'est vrai que je n'avais pas les réseaux, je n'étais pas membre d'une association d'anciens élèves d'une grande école, je n'étais pas passé par un cabinet ministériel, je n'étais pas membre de l'Automobile Club, du Polo… Juste membre, à différentes périodes, de clubs de DRH : ANDRH, Cercle Vinci, cercle Humania, Décid'Rh que j'ai présidé à sa création. Quant à mes réseaux, c'est très simple : c'est mon mobile ou mon IPad. Par ailleurs, je n'ai jamais été encarté dans aucun parti politique. Cela n'a rien enlevé à mes convictions, mais cela m'a laissé une grande liberté de penser et de parler. Je n'ai jamais eu de responsabilité dans une organisation nationale. La seule fois où, passé par l'UIMM, j'ai sollicité la candidature du Medef pour la présidence de l'Unedic, j'ai été blackboulé par Laurence Parisot, avec la connivence du président de l'UIMM, comme je l'ai compris plus tard…

J'en profite pour faire taire d'autres rumeurs : je n'ai jamais été initié dans une loge maçonnique, bien que je partage beaucoup de leurs idées et de leurs combats, en particulier sur la laïcité et la liberté de penser. De même, je n'ai jamais été un « honorable correspondant » des services extérieurs. Indépendance, quand tu nous tiens !

L'ÉGALITÉ DES CHANCES : IL FAUT ALLER PLUS LOIN

Serait-ce une solution à la panne de la méritocratie républicaine ? Dans les définitions communément admises, l'égalité des chances est une vision de l'égalité qui vise à ce que les individus disposent des mêmes chances, des mêmes opportunités de développement social, indépendamment de leur origine sociale ou ethnique, de leur sexe, des moyens financiers de leurs parents, de leurs convictions religieuses. Allant plus loin que le simple principe d'égalité des droits, l'égalité des chances implique que les écarts liés au milieu d'origine soient neutralisés.

Cette définition, que j'ai trouvée sur le site Toupictionnaire, pose les vrais enjeux et la vraie problématique de l'égalité des chances, dans laquelle il est évident qu'un système scolaire aussi juste et universel que possible constitue l'un des principaux leviers permettant d'établir cette égalité. *A contrario*, comme le rappelle André Comte-Sponville, cette notion, proche de l'équité, admet une inégalité « juste », induite par les capacités intellectuelles, le mérite ou les efforts consentis.

À mon sens, il faut continuer à se battre, et aller plus loin :
si les forces et les déterminismes amènent l'école à reproduire les inégalités de la société, il est nécessaire de réa-
juster constamment le cadre, et d'imaginer de nouvelles
manières de recréer de l'égalité des chances au niveau
scolaire. C'est une évidence que de dire que les origines
font obstacle à la réussite sociale ou scolaire, et qu'il faut
lutter contre. Si je considère que j'ai réussi, c'est parce que,
malgré les difficultés que j'ai pu rencontrer, j'ai beaucoup
travaillé – « la chance aide parfois, le travail toujours » –,
et que j'ai été soutenu et épaulé dans cette voie par des
parents aimants.

Aujourd'hui, le diplôme reste encore un sésame pour
une carrière, dans des dimensions qui défient l'imagination : certaines personnes de 50 ans sont à leur place
parce qu'elles ont réussi des épreuves mathématiques à
19 ans, sans plus jamais rien prouver par la suite. Dans ce
contexte, l'expérience de Xavier Niel et Marc Simoncini
ne manque pas d'audace, ni de créativité. L'École 42, en
effet, qui ouvre ses portes en septembre 2013, ne recrute
que sur concours, afin de tester les aptitudes à la program-
mation de chacun(e), quels que soient le cursus antérieur,
l'âge et l'origine des candidats. Voilà enfin une manière de
chercher à recruter de nouveaux profils, plus adaptés aux
nouveaux métiers de l'informatique, software et hard-
ware confondus : si les écoles ne vont plus assez vite pour
la fameuse Loi de Moore, dont on vérifie la pertinence
depuis 20 ans maintenant, il est temps d'inventer de nouveaux cadres, de nouveaux programmes et de nouveaux
logiciels !

Une fois cette parenthèse refermée, et en espérant que
l'expérience permette d'amener de nouveaux jeunes

talentueux à l'emploi, revenons-en à l'accord de septembre 2004 signé par PSA Peugeot Citroën. Celui-ci
prévoyait l'intégration de profils variés, par l'expérience
professionnelle ou internationale, par la formation initiale,
mais aussi à travers les cultures et les âges. Nous avions
également prévu des modalités pour insérer des publics
éloignés de l'emploi, et notamment les jeunes diplômés
issus des ZUS ; nous avions prévu de garantir qu'aucune
étape de recrutement ne soit discriminatoire, notamment
en formant les recruteurs.

L'Observatoire des discriminations, présidé par le professeur Amadieu, avait opéré des testings anonymes qui
venaient compléter la mise en place d'une démarche
de CV anonymes. En outre, afin de garantir des critères
objectifs d'évolution professionnelle, j'avais entamé un
cycle de négociations sur les classifications, fondées sur
la mise en place d'un référentiel de compétences, sans
référence au diplôme ou à l'ancienneté. J'avais par ailleurs
développé, avec l'ANPE, devenue Pôle Emploi, le recrutement par la méthode par simulation (test d'habileté)
permettant de sélectionner sans discriminer.

C'était là un moyen de faire véritablement place aux
compétences, sans interférences liées aux origines ou
à l'histoire de chaque collaborateur. En concertation
avec les organisations syndicales, nous avions également
mené une étude au sein de l'usine de Poissy, portant sur
les « minorités visibles », avec un panel de 600 volontaires… Les présupposés étaient bien étudiés et nous
pouvions avancer sur un terrain balisé ! L'accord abordait
un point important : sans remettre en cause associations
ou réseaux à même de faire progresser la connaissance
des autres et de chacun, seuls les syndicats et les instances

représentatives élues représentaient le personnel. En effet, ce n'était pas à l'entreprise de favoriser ou d'encourager le communautarisme, et elle ne doit pas devenir le lieu d'un quelconque prosélytisme religieux ou idéologique ! Pour finir, l'accord prévoyait un dispositif permettant des recours internes afin de traiter des cas de harcèlement ou de discrimination.

L'accord cadrait ainsi l'égalité des chances : « Le recrutement, l'intégration et l'évolution professionnelle des salariés, sans distinction due à l'origine, au sexe, aux mœurs, à l'orientation sexuelle, à l'âge, à la situation de famille, à la grossesse ou à la maternité, aux caractéristiques génétiques, à l'appartenance, vraie ou supposée, à une ethnie, une nation ou une race, aux opinions politiques, aux activités syndicales ou mutualistes, aux convictions religieuses, à l'apparence physique, au nom de famille ou en raison de l'état de santé ou du handicap, constituent un axe fort de la politique sociale et du développement de l'entreprise. »

Si j'ai cité ces prérequis, de manière assez exhaustive, sur les modalités de l'égalité des chances, c'est afin de donner l'illustration du rôle d'un DRH : il est impératif d'ouvrir et de traiter les sujets de société, de mener en permanence un dialogue proactif avec les partenaires sociaux, mais il est tout aussi important de savoir clore le dialogue et passer à l'action dans un cadre aussi bordé que possible ! En effet, il ne suffit pas d'élaborer une philosophie, de passer de longues heures à en discuter et à ouvrir d'innombrables sujets : il faut également mettre les avancées en application, et savoir les mesurer… Un progrès n'existe que quand il est mesurable !

Voilà l'explication d'un accord, qui n'a en soi rien d'exemplaire, même s'il était pionnier au début des années 2000. Si c'était à refaire, je le referais différemment en insistant encore plus sur les outils de mesure et leur suivi régulier. Pour moi, tout le reste est littérature !

En revanche, je tiens à rappeler que les choses ont été rendues possibles grâce à l'embarquement de tous, de la direction générale aux organisations syndicales, et qu'il a bien fallu pratiquer un peu d'évangélisation afin de rappeler qu'égalité des chances ne signifiait pas égalitarisme à tout crin, et qu'il ne s'agissait que de gommer les handicaps dus aux origines sociales. Mais il est impératif de convaincre et d'embarquer 100 % des parties prenantes sur ce thème sociétal, comme sur les autres : stress, retraites supplémentaires, redistribution des profits, évolution de carrière, etc. Sur tous ces thèmes, qui font évoluer la structure sociale et sociétale de l'entreprise, il est vital d'engager un vrai dialogue social afin d'explorer ensemble d'autres modèles de croissance et de compétitivité, d'autres pistes « pour mieux vivre ensemble ».

La RSE : cache-misère ou vraie démarche ?

Au moment où la crise amène des comportements de repli sur soi et de soumission chez les uns – les salariés – et la remise en cause de pratiques et d'acquis sociaux chez les autres – les employeurs, je constate que les thèmes de RSE sont laissés de côté. L'impératif de survie, la crise généralisée rendent secondaire la RSE ! Pour moi, au contraire, elle est un facteur d'innovation et d'amélioration de la compétitivité, ainsi que de saine gestion.

Qu'est-ce que la responsabilité sociétale d'entreprise ? C'est un concept dans lequel les entreprises intègrent les préoccupations sociales, environnementales et économiques dans leurs activités et dans leurs interactions avec leurs parties prenantes. Du pur et simple bon sens, mais il est toujours bon d'en rappeler les principes ! Je ne mettrai pas en avant les critères humanistes, d'ordre éthique, ou l'obligation de l'entreprise de contribuer au bien commun, soit la dimension sociétale, je me cantonnerai à la conception stratégique et utilitariste : le lien fort qui existe entre performance sociale et performance économique.

Des progrès ont été enregistrés depuis une décennie sous de nombreux aspects, légaux et réglementaires (loi NRE, normes ISO, rapports de gestion…), mais aussi d'image et d'attentes des consommateurs, clients et salariés. Faut-il s'en contenter ? Non. Car les entreprises sont confrontées à des défis majeurs, engendrés par la mondialisation et la raréfaction de ressources naturelles et des matières premières : les périls auxquels sont confrontés aujourd'hui les grands constructeurs automobiles illustrent bien ces deux problématiques.

Ainsi que le préconise l'Observatoire social international, seul un surcroît d'innovation technologique, sociale et environnementale permettra de relever ces défis : dans cette vision, il ne faut donc pas considérer la RSE comme un poste de coût, mais bien comme un élément stratégique de la compétitivité de l'entreprise à long terme.

HALTE À LA PENSÉE MAGIQUE !

Aujourd'hui, les entreprises leader profitent de cette période de latence pour repenser leur politique d'achats,

réduire leurs coûts de fonctionnement, leur consomma-
tion, etc. Suite au Grenelle de l'environnement, c'est tout
le secteur de la construction qui s'attache à devenir moins
énergivore, faisant évoluer toute notre conception de
l'habitat et de nos modes de vie. Dans cette (r)évolution,
la fonction RH a sa partie à jouer, et ne peut rester spec-
tatrice. Nous avons pu rater certaines évolutions organisationnelles, laissant le champ libre aux consultants ou aux
fonctions et directions dédiées aux SI ; aujourd'hui, dans
une période où le dialogue social, cantonné aux questions
de salaires et de bénéfices, doit plus que jamais être for-
tifié, il serait très bénéfique de l'ouvrir à des thématiques
de RSE et de compétitivité de l'entreprise. Après tout,
quelle meilleure manière d'impliquer et d'embarquer une
bonne part des parties prenantes de l'entreprise ?

Que penser alors de la discrimination positive, prônée en
son temps par Nicolas Sarkozy et Yazid Sabeg ? J'y suis
farouchement opposé car elle porte, par définition, les
gènes de la… discrimination. Certes, il faut améliorer les
systèmes, donner des coups de pouce à ceux qui ne sont
pas à égalité sur la ligne de départ, mais cela ne peut passer
par une nouvelle forme de discrimination. On comprend
bien l'idée qui sous-tend cette approche, elle est louable
et humaine, mais cela ne change en rien le caractère dis-
criminant. Dans l'entreprise, il faut choisir en fonction des
compétences, et uniquement des compétences. Je peux
citer le professeur Jean Amadieu qui s'insurge contre la
politique des quotas, censée mieux refléter la diversité de
la population française : « Ce type de politique repose sur
des constats erronés », souligne-t-il, citant de nombreux
cas où le respect des quotas empêche l'embauche de candidats méritants et plus adaptés aux postes. Nous, DRH,
avons essayé et « mis en œuvre » ces « actions positives »

destinées aux jeunes issus des minorités visibles. Nous l'avons fait, et le faisons encore, avec de bonnes intentions. Mais j'en suis revenu, considérant qu'il vaut mieux s'attaquer aux inégalités à la racine plutôt qu'en créer de nouvelles.

Pour finir, une dernière remarque. L'égalité hommes/ femmes, l'égalité des chances, la lutte contre les discriminations sont des thèmes qui ne font plus débat dans les entreprises. Tout le monde s'accorde à dire que les inégalités sont inadmissibles, mais je constate que l'on attend encore les solutions. Tous ces discours lénifiants ne porteraient-ils pas en eux une dimension pernicieuse ? En fait, ils dédouanent ceux qui les utilisent de toute responsabilité réelle, et participent *in fine* à l'augmentation du seuil de tolérance : on en parle, on en parle, et on finit par s'habituer… C'est ce que j'appelle « la pensée magique » : on croit qu'il suffit de dire pour produire une réalité nouvelle. Or, c'est faux ! On dit, puis on fait. Pour faire bouger les lignes, je ne connais qu'une méthode : définition d'une politique, mise en place des processus, puis évaluation des résultats… C'est la mesure qui fait le résultat !

Chapitre 9

Risques psychosociaux, stress au travail : les maux du siècle

La mort au travail, signe d'une société gravement malade

Jusqu'à la fin des années 1990, j'ai pensé, comme beaucoup de monde, que le stress au travail était essentiellement un sujet des hebdomadaires d'actualité, un marronnier qui s'intercalait, en novembre, entre « la vérité sur les francs-maçons » et « les prix de l'immobilier ». Il s'agissait pour moi, au mieux, d'un caprice de cadre : dans le milieu ouvrier d'où je suis originaire, j'ai entendu des gens se plaindre, j'ai vite été conscient que le travail était dur, mais personne ne se serait jamais déclaré « stressé » par son travail ! Moi-même, j'avais eu quelques moments de tension, de surchauffe, des difficultés à m'endormir, mais je pensais que ce n'était que la contrepartie normale des responsabilités, de ma rémunération, bref, de la vie normale d'un dirigeant ou d'un cadre d'entreprise. Pour moi, le stress au travail était une position, voire une invention idéologique, et une maladie de classe. Pour moi, la plus grande souffrance, c'était de ne pas avoir de travail, et le reste n'était que « pleurnicheries » d'enfants gâtés.

J'étais dans le déni, je faisais la sourde oreille face aux organisations sociales et aux médecins du travail qui me parlaient de plus en plus de stress au travail. Puis vint le printemps 2007 pendant lequel, en six mois, cinq suicides eurent lieu sur un même site de PSA. Il n'était plus possible de ne pas accepter l'évidence, et le fait que le travail pouvait aussi, au moins en partie, pousser à un tel désespoir. Bien sûr, il ne faut pas faire d'amalgame entre stress et suicide, il n'y a jamais une seule cause à un geste aussi désespéré, mais il importe tout de même de tenter de démêler l'écheveau et de réduire au maximum les facteurs de risques, au moins ceux sur lesquels nous pouvons agir.

QUAND LES MACHINES S'EMBALLENT : LA SOUFFRANCE AU TRAVAIL

J'invitais alors le professeur Patrick Légeron, psychiatre et spécialiste du stress en entreprise, à venir m'expliquer ce qu'était le stress, à le comprendre et à déceler ses causes et ses facteurs. L'échange, prévu pour durer une heure, se prolongea plus de cinq heures. Il faut dire que les DRH sont, comme l'avait écrit à mon propos une journaliste du *Monde*, quelque peu « désorientés, démunis », face à ce problème, et surtout sans aucune notion fondée et étayée du mal-être au travail.

Ce que je retirai de ces échanges, c'est que le stress au travail survenait lorsque le déséquilibre croît, chez une personne donnée, entre la perception qu'elle peut avoir des objectifs qu'on lui fixe (« ce que je dois faire »), et la perception qu'elle a de ses propres capacités pour y faire face (« mes moyens pour les accomplir »). Mais je compris aussi que chaque individu est unique, et que sa personnalité, construite sur de nombreux paramètres – culture, éducation, milieu, expériences – réagit différemment face à une situation donnée, et face à la pression induite par l'organisation.

Je compris également que, à côté du stress, existent d'autres risques psychosociaux : harcèlement sexuel ou moral, conduites addictives, ou encore violences, entre salariés ou provoquées par des tiers, les clients par exemple. Je mandatais donc un cabinet d'experts, Stimulus, afin d'analyser ce que j'acceptais désormais d'appeler les « RPS », risques psychosociaux dans l'entreprise, de rechercher les facteurs de stress, d'en évaluer le niveau, d'établir un diagnostic et un plan d'actions. 3 000 personnes salariées sur trois sites, choisies par Stimulus selon différents critères, ont répondu à un questionnaire anonyme et confidentiel. Ce recueil de données était complété par 60 entretiens individuels qui avaient pour but de bien saisir l'environnement de travail, la réalité des métiers et des phénomènes étudiés. Le taux de participation s'éleva à 86,9 %, ce qui garantissait la bonne représentativité des résultats, mais témoignait également de l'intérêt majeur que les salariés et leurs représentants portaient à ce sujet…

Quels résultats avons-nous tiré de cette enquête ? Le niveau de stress des salariés de PSA était équivalent au panel de référence, établi à partir d'entreprises auditées dans différents secteurs d'activité, à savoir : 20 % des salariés déclaraient souffrir de troubles de santé liés au stress. Un taux qui semble élevé, certes, mais qui est considéré comme une moyenne acceptable dans l'ensemble des pays européens. Il est évident que les facteurs personnels jouent également dans de tels drames, qui sont toujours multifactoriels : les soucis d'ordre personnel ou familial sont également facteurs de stress. Mais cela ne dédouane pas pour autant l'entreprise de ses obligations morales et également conduites par un impératif de rentabilité bien compris : il faut tout mettre en œuvre pour agir sur les différents risques psychosociaux, tant pour des raisons éthiques qu'économiques.

Mais cela n'est pas toujours simple. Par exemple, lors de mon expérience chez PSA, les résultats de l'enquête ont été riches d'enseignements puisque nous avons découvert que le manque de reconnaissance et la complexité des informations reçues, comptaient parmi les plus grands facteurs de stress… alors que nous étions à mille lieues d'y penser ! Nous pouvions commencer à remédier à ces deux facteurs sans tergiverser, mais ce n'était pas le cas d'un troisième. En effet, nous avons découvert que, au sein des travaux postés, il était finalement stressant de changer d'équipe tous les six mois… alors que c'était notre politique de lutte contre les troubles musculo-squelettiques ! Que soigner, dans ces conditions, et comment définir le juste équilibre ?

IMPLICATION ET FORMATIONS : LE BESOIN DE PARTAGER

En tant que DRH Groupe, j'étais pilote de ce projet et mon objectif était à la fois de le porter au niveau du haut management, afin d'en faire un sujet d'importance et reconnu de toute la direction générale, et également de le partager dans toutes les entités afin que chacune prenne le temps de réfléchir sur les risques psychosociaux qu'elle encourait, ressentait ou auxquels elle pouvait être exposée par l'organisation. Mon rôle, également, était de renverser la tendance dans la vision du risque et du partage des risques : le travail et la performance ne sont pas des facteurs pathogènes en eux-mêmes, il importait donc de replacer les choses dans leur contexte, et dans « le bon sens ». Pour ce faire, une seule solution : du dialogue, du dialogue, du dialogue, et encore du dialogue !

Bien sûr, toute la hiérarchie des managers opérationnels était *a priori* concernée par la démarche : c'est le management qui structure et incarne l'organisation, et la réussite passe avant tout par une direction générale qui s'engage, qui montre qu'elle est concernée par le sujet et le bien-être de ses salariés, au même titre que les organisations syndicales. Mais il s'agissait également d'impliquer dans la démarche l'ensemble des salariés sur le terrain. D'autant plus que force est de reconnaître que ce sont bien plutôt des salariés de terrain que des managers qui ont attenté à leurs jours, dans toutes les occurrences dont nous avons eu connaissance. Pour intégrer les salariés à ces démarches de prévention, pour les entendre, les instances existent : qu'il s'agisse du CE, du CCE, du CHSCT, ce sont bien les instances de représentation des salariés qui peuvent le mieux les faire s'exprimer.

Il faut également former et permettre aux salariés et aux équipes de s'exprimer sur ces questions. Ainsi que le dit Bernard Salengro de la CGC, « le stress au travail est encore trop souvent assimilé à une faiblesse, à un manque de volonté. C'est cela qu'il faut démystifier ». Et, à titre personnel, je crois également qu'il ne faut pas, sur ces sujets aussi douloureux soient-ils, se payer de sémantique et d'euphémismes. Il vaut bien mieux appeler les choses par leur nom pour mieux chercher à les éviter : oui, un suicide est un suicide ; oui, il peut y avoir de la violence au travail ; et oui, il y a évidemment des facteurs de stress !

Si le travail a évolué, si l'exigence de rendement est plus forte, si la hausse de la productivité induite par les NTIC occasionne un surcroît de pression sur les acteurs, cela ne peut suffire à expliquer qu'un salarié parvienne à ces extrémités. Je ne possède pas la clé qui explique comment on y arrive, malheureusement, et ce sont également des drames personnels que des raisons organisationnelles, professionnelles, sociales, sociétales ne suffiront pas à expliquer. Ce que je sais, en revanche, c'est la différence fondamentale que j'ai vue entre la crise pétrolière de 1973, que j'ai connue au début de ma carrière, et la crise entamée en 2008, dans laquelle nous sommes plongés : cette différence, c'est l'emploi. En 1973, l'inflation était forte, mais le plein emploi était encore là, tandis qu'aujourd'hui, avec 11 % de chômage, dont des taux supérieurs à 20 % selon les générations ou la localisation, plus aucune catégorie professionnelle ne se sent pleinement assurée de connaître l'emploi à vie.

LES SYNDICATS, DES DÉTECTEURS ET PRÉVENTEURS DES RPS À ÉCOUTER

Tout au long de ma carrière, j'ai considéré les représentants syndicaux avec respect et avec intérêt : du fait de leur position et de leurs « capteurs », ce sont les mieux informés du climat social de l'entreprise, et donc les plus à même de détecter ces fameux « signaux faibles » annonciateurs de problèmes et de risques psychosociaux. Les (re)mettre dans le jeu, les impliquer dans l'élaboration d'une démarche de prévention des risques psychosociaux va donc de soi, car ils détiennent une somme d'expertises et de connaissances qu'aucun consultant extérieur ne pourra jamais rassembler, tout bardé de diplômes qu'il soit !

Cette gestion et cette prévention des risques psychosociaux doivent donc être mises au centre du dialogue social, permettant par là-même de le maintenir en prise avec la réalité de l'entreprise, telle qu'elle est vécue dans les différentes catégories. Il y a là une opportunité à saisir qu'il ne faut pas dénaturer : le sujet est grave, il ne s'agit pas d'en faire un débat stérile ou l'otage de considérations catégorielles ou partisanes. Même ceux qui ont un emploi dans une entreprise qui engendre des profits ne sont pas à l'abri de réductions d'emplois, de délocalisations ou de licenciements, sous couvert d'optimiser la recherche, de rapprocher les usines des clients ou plus simplement d'engendrer encore plus de profits. Tout cela est générateur d'anxiété. Pour soi-même, ses enfants, ses petits-enfants… Il faut prendre cela en compte dans le management de tous les jours. Reconnaissance, écoute, dialogue, convivialité ne vont pas régler tous les problèmes, mais apporter la touche d'humanisme dans un monde de brutes !

Chapitre 10

Ressources humaines et compétitivité

L'homme et l'outil de production : deux univers à faire coïncider

La compétitivité d'une entreprise est la condition *sine qua non* de sa réussite sur un marché en situation de concurrence libre et (autant que possible) non faussée. C'est donc une donnée objective, mais aussi une qualité intrinsèque : on dit d'une entreprise qu'elle est compétitive lorsqu'elle est agile, capable de réagir économiquement dans un environnement concurrentiel, en innovant, en croissant, en réalisant des bénéfices ou… en baissant ses prix.

Éclaircissons tout d'abord la notion. Je distingue, en schématisant volontairement, deux types de compétitivité qui conditionnent des systèmes de management différents. Il existe tout d'abord une compétitivité coût/prix, dans laquelle il s'agit de contenir le coût du travail et du capital. Dans cette même catégorie, les différentiels de taux de change permettent de faire baisser les prix : un yuan dévalué permet de garder les prix chinois attractifs pour l'Europe et les États-Unis. Il existe ensuite ce que j'appelle une compétitivité hors prix/hors coût, qui repose sur la capacité d'innovation, l'amélioration de la productivité (nombre de pièces fournies à l'heure, par exemple) et de la qualité.

BIEN PAYER DES GENS BIEN FORMÉS, OU MAL PAYER DES PERSONNES PEU QUALIFIÉES ?

Ces deux catégories déterminent le management et la gestion des ressources humaines. Ainsi, parvenir à développer une compétitivité fondée sur l'innovation et la qualité implique de recourir à des salariés qualifiés, bien rémunérés, bénéficiant de formations et d'opportunités de carrière. À l'inverse, la compétitivité coût/prix engendre souvent un recours à des salariés peu qualifiés, rémunérés aux minima, et sans perspectives de développement… Ce sont bien sûr là les deux extrémités du spectre, la réalité d'une entreprise étant souvent moins manichéenne, mais elles permettent de poser le débat.

En période de crise, le thème de la compétitivité est un enjeu important auquel la fonction RH, en tant que fonction de direction générale, doit s'atteler, pouvant même en devenir un acteur (ou un animateur) principal.

C'est d'ailleurs une occasion de s'affirmer et de retrouver, si besoin est, de la crédibilité pour la fonction. Dans ces périodes de réflexion sur les modalités de la production, tout peut devenir un thème d'échanges, de consultations, voire de négociations avec les partenaires sociaux… C'est un état d'esprit qui doit naître et diffuser, et il incombe à la direction des ressources humaines et aux partenaires sociaux d'évangéliser l'ensemble de l'entreprise : tous les jours, on peut et on doit se poser la question suivante.

« Que puis-je faire pour être meilleur, pour être plus performant ? ».

Au-delà de cet aspect de motivation, la DRH a aussi pour mission de poser quelques garde-fous et de contrôler que certains préalables à d'éventuelles modifications des conditions de travail sont respectés. Ainsi, elle se doit de vérifier que l'on n'entame pas de négociations sur la compétitivité et le coût du travail… pile au moment où le directeur général et le directeur financier annoncent que l'entreprise résiste mieux que ses concurrents à la crise, a des objectifs et des potentiels de vente élevés, la perspective de renouer avec une croissance à deux chiffres, ou bien la volonté de verser de superbes bonus à ses dirigeants ! Certes, ces discours ont leur raison d'être face à la presse et aux analystes, mais on ne peut dire que tout va bien à l'extérieur et que tout va mal en interne ! Le DRH doit donc appréhender le calendrier et éviter ce genre de catapultages ! On entend régulièrement parler de bonus de plusieurs millions distribués à des présidents, alors que l'on annonce par ailleurs un plan de sauvegarde de l'emploi ou, pire en termes d'image, un blocage des rémunérations des salariés. À cet égard – et en passant – je me pose une question depuis longtemps : on demande un effort aux salariés lorsque les choses vont mal, mais il subsiste ensuite un effet cliquet, et la roue ne tourne jamais dans l'autre sens. Pourquoi ne renégocie-t-on jamais à la hausse ?

La cohérence des messages internes et externes est donc primordiale. Il est du ressort du DRH de tempérer les messages passés aux marchés par les directeurs généraux et financiers, en veillant à ce qu'ils n'embellissent pas les potentiels de croissance ou d'économies. Et il ne faut jamais laisser retomber sa vigilance : il n'est pas rare que j'aie eu à parler de difficultés et de sacrifices pendant les négociations salariales annuelles, début janvier, avant que la direction générale ne tienne un tout autre langage lors de l'annonce de ses résultats annuels, un mois plus tard !

Au-delà de cette vigilance « factuelle », et plus largement, il est du ressort de la direction des ressources humaines de veiller à l'adéquation entre la stratégie retenue et la culture de l'entreprise… sachant que cette dernière peut évoluer, mais pas de manière brutale. En tant qu'ensemble de croyances, de rites, de pratiques, de mythes, de tabous partagés par les salariés, elle est intangible, mais bien réelle, et c'est un puissant facteur de cohésion, de socialisation, de motivation. En revanche, elle peut également devenir un vrai frein au changement et aux capacités d'adaptation. Attention, donc, à toujours en tenir compte, et à s'inscrire dedans, voire à s'en recommander ! Et également, un petit truc issu de mon expérience : énoncer des objectifs chiffrés est nécessaire, mais pas suffisant. Ceux-là n'entraînent pas automatiquement l'adhésion, mais peuvent au contraire créer de l'anxiété chez certains. Veillez donc à expliquer, et à faire adhérer…

Au-delà de ce rôle de vigie, qu'est-il possible de faire pour une DRH dans le cadre d'une recherche de compétitivité ? Réponse : tout ! Tout est possible, tout est imaginable, tout est négociable… On peut demander à revoir le temps de travail, à travailler plus pour une rémunération identique, soit en augmentant les horaires hebdomadaires, soit en supprimant des « ponts payés », ou en diminuant les pauses non conventionnelles. Je l'ai pratiqué chez PSA Peugeot Citroën dans l'accord de passage à 35 heures, en y rajoutant la pluriannualisation… On peut également, et

on se doit même, de s'attaquer à l'organisation en supprimant des niveaux hiérarchiques, en clarifiant la répartition
des tâches pour éviter les doublons – source de pertes
de temps et de conflits. On peut externaliser certaines
tâches non stratégiques, etc. Ici suivent quatre exemples
d'actions très diverses que j'ai menées, ou voulu mener : la
performance RH, les salaires, les retraites supplémentaires,
le lean, l'innovation.

La mesure de la performance RH

En 2004, avec mon collaborateur Philippe Grandchamp
des Raux, nous avons lancé le plan Performance RH, qui
avait pour objectif de moderniser la fonction RH afin
qu'elle réponde avec plus d'efficacité aux demandes de
ses clients internes – salariés, managers, directions locales,
corporate – en France comme à l'international. J'avais
une triple ambition : doter PSA Peugeot Citroën d'une
fonction RH plus performante, en ligne avec la stratégie
de développement qui accélérait tant sur les nouveaux
projets que sur les nouvelles implantations (Chine et
Amérique latine) ; offrir aux managers un support opérationnel dans leur fonction de gestion des hommes ; et
enfin, proposer aux collaborateurs des carrières moti-
vantes et en cohérence avec les besoins du Groupe, avec
une gestion des carrières par filière ou métier, et non plus
par opportunité…

Pour ce faire, nous avons requis l'aide de Mc Kinsey, qui
nous apportait deux méthodologies : l'AVA (*Activity Value
Analysis*), d'une part, qui nous a permis de réduire et/
ou supprimer les tâches redondantes ou à faible valeur
ajoutée, et d'ajuster effectifs, coûts et organisation. D'autre
part, le CPR (*Core Process Redesign*), qui vise à améliorer

les processus transversaux impliquant de multiples fonctions.

Cette démarche a permis également de légitimer les acteurs de la fonction auprès des autres directions, puisque nous avons su faire baisser nos coûts de 25 %, nous permettant de jouer un rôle de conseil interne, qui nous a amené à démultiplier la méthode dans d'autres directions. Ainsi éprouvée par la fonction RH elle-même, la méthode d'accroissement de la compétitivité passe beaucoup mieux, et la DRH, qui bénéficie de ses propres retours d'expérience, n'en est que plus crédible.

Les négociations sur les salaires, un point de crispation

Le rêve de beaucoup de dirigeants : faire baisser les rémunérations pour récupérer de meilleurs niveaux de marges. Beaucoup s'y essaient indirectement, en prônant la suppression du SMIC ou en agissant au niveau des branches pour ne pas revaloriser les minimas conventionnels. Cela semble évident, au mépris de certaines évidences, justement : pour ma part, je ne m'attaquerai pas à ce dossier. Autant je n'aurais pas de problème à supprimer le variable d'un patron gagnant plusieurs millions d'euros par an, autant j'ai plus de scrupules à négocier des gels aux alentours du SMIC… Or, c'est souvent le premier réflexe qui vient à l'esprit de nombreux dirigeants !

J'avais conditionné, en 2003, dans un accord chez PSA Peugeot Citroën, une partie de l'augmentation générale à l'atteinte d'un objectif de volume de ventes de véhicules. La base de l'augmentation était indexée sur l'inflation, et le coup de pouce au pouvoir d'achat (de l'ordre de 0,3 %) était donc sous condition des ventes du premier semestre. J'ai obtenu cinq signatures de syndicats représentatifs, mais avec un tel niveau de stress et de tension dans l'entreprise que je reste maintenant convaincu que le jeu n'en valait pas la chandelle…

Un exemple de négociation innovante : les retraites supplémentaires d'entreprise

Cela ne signifie pas qu'il faille tout s'interdire, mais la clé réside dans la découverte de solutions et de leviers innovants. Ainsi, sur le sujet – d'actualité – des retraites supplémentaires d'entreprise. Au moment où des négociations au niveau national vont démarrer pour financer le régime général, la subsistance de régimes à prestations définies dans les entreprises, qui conduit à d'importants « passifs sociaux », mérite d'être remise en cause. En tant que DRH, j'ai été confronté à cette situation aussi bien dans le groupe Elf, devenu Total, que dans PSA. J'ai été amené chaque fois à rechercher, dans le cadre du dialogue social, comment transformer ces régimes qui garantissent une retraite supplémentaire, indexés sur le dernier salaire, pour qu'ils ne mettent pas en péril la situation financière de l'entreprise. Ceci, du fait de l'allongement de l'espérance de vie et de la baisse du rendement des régimes obligatoires. Mais comment rendre acceptable cette remise en cause d'un avantage acquis par tous ?

Au sein de PSA Peugeot Citroën, le régime de retraite supplémentaire garantissait 60 % du dernier salaire et concernait, fin 2001, 22 000 collaborateurs et retraités. Le passif social, comptabilisé pour 570 millions d'euros, ne cessait de dériver depuis plusieurs années.

La réforme menée en 2002 a nécessité, pour Thierry Debeineix et moi-même, un an de pédagogie et de négociations. Le principe a été de substituer à l'ancien système un nouveau dispositif à cotisations définies s'adressant à tous les salariés, cadres et non-cadres, à partir du moment où leur rémunération dépassait le plafond de la Sécurité sociale.

À cette occasion, nous avons fait preuve d'innovation : plutôt que de faire un « groupe fermé » avec maintien d'un important passif, nous avons « reconditionné » les droits acquis exprimés sous forme d'un capital initial. Lequel capital est réévalué chaque année selon une formule protectrice en termes de pouvoir d'achat... Une formule innovante, et protectrice pour tous, groupe et salariés.

Du lean management

Le DRH, dans les groupes où j'ai sévi, n'a jamais été le chef d'orchestre de la mise en place du lean management. Mais j'ai toujours accompagné ces transformations, en particulier dans les secteurs de production. Je voudrais citer ici l'expérience de « lean manufacturing » développé chez PSA Peugeot Citroën par mon collègue et ami Roland Vardanega.

Le lean – *maigre, sans gras, dégraissé* – est le qualificatif donné à l'origine par une équipe de chercheurs du MIT au système de production de Toyota (TPS) créé au début des années 1970, et reposant sur deux concepts principaux : le juste-à-temps et l'automatisation à visage humain (le « jidoka »). Ce qui est intéressant pour le DRH, c'est que pour obtenir des résultats pérennes, le lean management s'appuie sur l'amélioration continue, et ceci avec une forte implication de tout le personnel concerné par le processus à optimiser. La résolution de problèmes se passe sur le terrain, avec tous les acteurs, selon la stratégie des petits pas (Kaizen). On est loin des pratiques managériales occidentales !

Le lean en production a pour but d'optimiser toutes les ressources : on réduit les stocks, on optimise les équipements et les ressources humaines grâce à la polyvalence, on réduit les surfaces occupées… Les points forts sont séduisants pour les RH : le management se déroule sur le terrain, on incite chaque collaborateur à réfléchir et à proposer des améliorations au système et, ce n'est pas le moindre point fort, les décisions sont adoptées par consensus !

Certes, la chasse aux gestes inutiles intensifie le travail et peut générer des TMS, comme le lean peut altérer les relations au sein du collectif, mais je peux le confirmer, là où les équipes de R. Vardanega l'ont développé, le lean a généré un nouvel enthousiasme et une plus grande responsabilisation des collaborateurs.

J'étais très réticent au début, mais je dois reconnaître que ce mode de management permet d'améliorer la compétitivité en réduisant les stocks, les surfaces, les tâches non créatrices de valeur, sans avoir comme objectif premier la suppression d'emplois…

INNOVER, C'EST UN PEU DÉSOBÉIR

L'innovation, qui permet de créer des avantages concurrentiels, d'améliorer l'efficience, de baisser les coûts ou d'augmenter les prix, est une dimension vitale de l'entreprise. Si elle est pour beaucoup du ressort du secteur Recherche & Développement, pour lequel la fonction RH n'a pas de compétences particulières, elle peut également diffuser dans les autres compartiments de l'entreprise. Le DRH peut aider à convertir les salariés en « entrepreneurs » de trois manières différentes : en développant des outils ou des fonctions contribuant à l'innovation ; en rémunérant et en valorisant les brevets ; en encourageant et en valorisant les innovateurs.

Dans le premier domaine, de nombreux leviers sont disponibles : veille technologique et prospective ; développement de groupes de créativité, de stages d'innovations ; mise en pratique du droit à l'erreur ; décloisonnement des barrières hiérarchiques et des « silos », etc. Autant de thèmes sur lesquels la DRH peut peser. Le deuxième domaine, à mon sens, est à manier avec précaution : beaucoup d'entreprises versent une prime au brevet. La découverte est certes toujours à encourager, mais il ne faut pas perdre de vue la commercialisation. Et puis n'oublions pas que l'on peut être créatif seul, mais que l'on innove en équipe, en mettant en musique et en pratique les idées générées par la créativité.

Créer une vraie culture de l'innovation implique de reconnaître et de valoriser les propositions émises, et surtout mises en œuvre dans tous les métiers de l'entreprise. C'est par exemple ce que nous avions lancé en 2011 chez BPCE, avec les équipes de communication interne et de la stratégie : les Trophées de l'innovation. Ces prix récompensaient sept projets sélectionnés parmi plus de 100 dossiers remontés des banques régionales et des filiales, remis aux lauréats devant plus de 500 dirigeants réunis en université d'été. Le Groupe a ainsi non seulement reconnu les meilleures initiatives, mais a également réussi à impulser une dynamique participant à l'émergence d'une culture de l'innovation. Les innovations primées étaient très diverses, mais toutes utiles et pertinentes. L'accessibilité des agences aux personnes malentendantes, la confirmation des rendez-vous par mail ou par SMS ou encore la création d'une carte rechargeable multiservice, pour ne citer que quelques exemples, ont montré leur utilité et ont été déployées dans le groupe. La dynamique est désormais partagée et enclenchée, puisque le succès de la première édition s'est répété lors de la deuxième en 2012 : les salariés ont des idées, il est donc utile de les encourager à les exprimer ! Et c'est aussi le rôle d'un DRH qui s'implique…

Innover, c'est encourager la remise en question de l'ordre établi. C'est quelque peu désobéir…

Chapitre 11

Ressources humaines et changement(s)

Briser la routine et les habitudes, un vœu pieux ?

Fusions, acquisitions, optimisation, recentrage, changements de systèmes d'information, nouvelles stratégies… La vie des organisations est marquée par de nombreuses phases de changements et de transformations. Cela dure depuis l'origine, et quoi de plus normal ? Le Sanofi d'aujourd'hui n'a rien à voir avec les laboratoires Labaz ou Clin Midy. PSA Peugeot Citroën ne ressemble en rien aux usines Peugeot du début du siècle, etc.

Le changement est donc naturel, ce n'est pas une nouveauté ; la nouveauté, en 2013, c'est le rythme, l'ampleur, et souvent la brutalité de ces évolutions qui concernent aussi bien la stratégie, l'organisation, les systèmes d'informations, les implantations géographiques…

Mais pourquoi changer ? C'est un truisme de rappeler qu'une entreprise qui n'évolue pas, ne se transforme pas et ne s'adapte pas aux évolutions de son environnement est appelée à mourir. J'ai connu de nombreux exemples de leaders qui se sont endormis sur leurs lauriers et qui ont disparu, faute d'avoir su s'adapter, anticiper, voire susciter les évolutions.

Certes, je dois reconnaître que certains chefs d'entreprise « amplifient » la nécessité et l'urgence du changement. Mais au-delà des exercices de communication, souvent destinés à la communauté financière, leur analyse est souvent étayée et justifiée. On parle ici de la pérennité de plusieurs milliers d'emplois… Ce n'est donc pas simplement de signaux qu'il s'agit.

S'il y a plusieurs manières d'appréhender le changement et de le conduire, l'idéal, à mon sens, reste l'amélioration continue, sans brusquer ni braquer les collaborateurs. C'est la mise en place, en mouvement, d'une démarche dans l'entreprise, qui lui permet d'être réactive face à l'instabilité de son environnement.

Quels sont les facteurs de changement ? Certains « conseils en management » et professeurs émérites les classent en catégories de changements opérationnels et de changements sociaux. Pour ma part, en tant que modeste DRH, je préfère me cantonner à une typologie compréhensible par les collaborateurs : facteurs externes et facteurs internes, étant entendu que les transformations ou les ruptures ne proviennent pas d'un seul, mais de plusieurs facteurs.

LES FACTEURS EXTERNES, OU EXOGÈNES

Ce sont tous ceux qui procèdent des évolutions de l'environnement économique, légal et commercial des entreprises. L'évolution des marchés, en particulier de la demande des clients dont j'ai été témoin dans l'industrie automobile (demande de monospaces, de 4×4, puis de SUV) ; les évolutions technologiques, avec par exemple l'impact des NTIC sur les offres des banques ; ou encore les évolutions réglementaires, le développement de la concurrence et l'arrivée de nouveaux acteurs, ou enfin les pressions de la Bourse ou des analystes financiers, constituent autant de facteurs exogènes du changement.

LES FACTEURS INTERNES, OU ENDOGÈNES

Ceux-ci sont par définition moins faciles à isoler et à circonscrire et découlent souvent des facteurs externes : il est évident que les changements d'orientation stratégique sont souvent causés par l'externe mais il faut bien établir une frontière, et définir ce qui influence la vie de l'entreprise de l'intérieur. Qu'il s'agisse de délocalisations de productions pour se rapprocher de nouveaux marchés latino-américains ou asiatiques, de cessions d'activités pour se recentrer sur son cœur de métier, d'OPA ou d'acquisitions à intégrer ou d'activités à externaliser, chaque action a un impact sur la vie de l'organisation. De même, les décisions de nouveaux dirigeants qui prennent systématiquement le contre-pied des décisions de leurs prédécesseurs est un grand classique, pas toujours justifié ni productif…

J'ai bien conscience que cette typologie, tirée de mon expérience, en particulier chez PSA et BPCE, est sommaire, voire simpliste. Mais n'est-ce pas la finalité de la conduite du changement que les tenants, les aboutissants et les objectifs soient connus et compris de tous ?

LE CHANGEMENT, ÇA DÉRANGE TOUT LE MONDE

J'ai connu plusieurs formes de résistances, bien compréhensibles au demeurant, puisque tout changement, toute transformation crée des incertitudes, casse des habitudes, et remet en cause les « conforts » acquis dans une société française de plus en plus anxieuse face à l'avenir. Il ne faut pas le nier, des résistances émergent quasiment toujours, prenant des formes variées selon les individus et les groupes : inertie, zèle, discussions et ratiocinations sans fin, rébellions et/ou grèves, sabotages et macadams, démotivation, etc.

Ces résistances seront d'autant plus fortes que les dirigeants auront négligé deux facteurs : d'abord, le temps nécessaire pour comprendre et accepter le changement ; puis l'appropriation par tous les acteurs des objectifs et des processus à mettre en œuvre. Trop souvent, les dirigeants oublient que les transformations concernent et passent par les hommes et les femmes de l'entreprise. Or, les réactions de ces humains peuvent être imprévisibles. Les changements considérés comme indispensables par un comité de direction peuvent être perçus à l'inverse par les salariés comme totalement inacceptables. Et si les problèmes techniques trouvent toujours des solutions, les problèmes humains sont souvent très difficiles à surmonter, et marquent l'histoire d'une entreprise.

Nous savons que, dans tous les projets, il y a une période plus ou moins importante de perte de productivité, pendant la mise en œuvre et l'adaptation : l'importance de cette perte dépendra des formes et de la vigueur des résistances. Dans certains cas, cela peut aller jusqu'à l'échec complet et la remise en cause intégrale des transformations envisagées.

Les facteurs d'échec sont classiques : non-adhésion des collaborateurs au projet, déficit d'information, de communication et de formation, manque d'implication et d'engagement du management intermédiaire… Pour y parer, il convient tout d'abord de garder présent à l'esprit que la transformation d'une organisation n'est pas la conduite traditionnelle d'un projet. Elle implique un pilotage capable de dénouer conflits et résistances, d'adapter moyens et rythmes en fonction des imprévus, et enfin de mener à terme un processus qui sera lui-même perturbé au fil des mois par… la transformation.

QUELLE CONDUITE DU CHANGEMENT ?

Aujourd'hui, il s'agit d'un processus et d'un domaine qui font le bonheur et la richesse de nombreux cabinets de consultants et de formation, qui proposent aux entreprises le pilotage de leur transformation, dans des formules plus ou moins clés en main. Mais avant cela, et au-delà de ces spécialistes, je retire deux enseignements de mes expériences passées. Il est vital de commencer par procéder à un audit des points forts et des points faibles de l'organisation, afin de savoir sur quoi – secteurs, activités, éléments, compétences – l'on va pouvoir s'appuyer. *A contrario*, il est tout aussi vital de cerner les points à améliorer, ceux qui pourront être les premiers à craquer…

Une fois cet audit effectué, sans complaisance et sans qu'il ait nécessairement vocation à être rendu public, c'est au président qu'il incombe de bien définir la stratégie, de dessiner une vision claire de l'avenir et de définir ce que l'organisation a à gagner. Il sera bien sûr aidé en cela par son comité de direction ou comité exécutif, mais je recommande au DRH de veiller à la clarté de cette stratégie.

Je n'essaierai pas de dessiner, même à grands traits, une méthode miraculeuse, car je considère qu'il n'y en a pas. Tout doit être adapté à la culture et à l'historique de l'entreprise, aux caractéristiques de ses collectifs. Il est impératif que les dirigeants s'impliquent dans la conduite du changement sans s'écarter de la mise en œuvre des objectifs. Il ne suffit pas de définir le souhaitable puis de laisser faire : il faut s'impliquer, voire s'entêter dans la mise en œuvre effective. Soyons conscients que beaucoup de dirigeants se cantonnent, souvent avec brio, à la définition de la stratégie, en ignorant les modalités opérationnelles. C'est ainsi que nombre de grands plans n'ont jamais vu le jour…

LES SIX POINTS CLÉS

Sans méthode miracle, j'ai relevé des tendances de fond dans les processus. Tout d'abord, il est vital d'obtenir l'adhésion des collaborateurs. Pour ce faire, je ne peux que conseiller de les faire participer à la définition des objectifs et des moyens pour les atteindre : les participants s'approprient ainsi la solution retenue, qui n'est plus celle de la direction mais la leur. On s'assure ainsi la motivation des salariés pour le changement.

Deuxième point : il faut communiquer, communiquer, communiquer ! Passer d'une communication collective à une communication individuelle, et vice-versa : la redondance, dans ce domaine, n'est pas superflue. En effet, c'est ainsi que l'on crée l'adhésion, en valorisant les efforts consentis et les premiers résultats obtenus. En outre, nul besoin pour ce type de communication de prestations d'agences chères et complexes : c'est de communication humaine et de proximité que les équipes ont besoin.

Troisième point : il faut veiller à l'implication du middle management qui a un rôle important à jouer. Il ne doit pas rester au bord de la piscine, mais il doit s'approprier la stratégie, la relayer en traduisant la formation à son niveau et lui donner un sens.

Quatrième point : la formation est importante dans le processus, surtout lorsque ce sont des changements qui vont toucher les processus ou les systèmes d'information. Il est impératif d'apprendre aux collaborateurs les nouvelles fonctionnalités des outils informatiques.

Cinquième point : apprenez à gérer le temps. Même si le changement est une nécessité vitale pour ne pas disparaître, attention à ne pas vouloir tout mener au pas de course ; cela entraîne incompréhension et perte de confiance de la part des équipes.

Enfin, un dernier point : veillez à ne pas attenter à la santé des collaborateurs. C'est élémentaire, bien sûr, mais cela va mieux en le disant !

UNE AFFAIRE D'HOMMES ET DE FEMMES, DONC UNE AFFAIRE DE DRH

Mener à bien le changement implique la mise en place d'une équipe dédiée qui va piloter le projet. Il faut avant tout des opérationnels qui connaissent bien les métiers, les collaborateurs, et qui soient également légitimes pour faire passer des messages. Mais je considère que les DRH ont un rôle important à jouer, quel que soit le titre qu'on

leur donne. En effet, ils ont aujourd'hui acquis leur légitimité sur les métiers, la formation, la gestion des carrières,
la communication. Ils connaissent la population, l'histoire,
la culture, les instances représentatives du personnel, les
obligations légales et réglementaires… Plus que d'autres,
ils sont légitimes pour orchestrer le processus de changement, régler les problèmes et conflits de pouvoir, gérer les
aspects émotionnels, et prendre les arbitrages nécessaires.
Ils ont cette légitimité car les changements et les transformations auront, en outre, des impacts sur tous leurs
domaines. C'est ici un axe encore relativement nouveau,
que les DRH se doivent d'investir afin de continuer à
enrichir leur fonction.

Chapitre 12

Mes respirations…

« Fugues » et activités annexes : comment prendre du champ tout en travaillant ?

Dans notre métier de ressources humaines, nous avons à faire face à des moments pénibles, à des moments de joie, à des nouveaux défis, et nous devons également assumer des tâches récurrentes, voire routinières. Pour ma part, j'ai toujours eu besoin de missions ou de responsabilités internes ou externes, connexes ou – le plus souvent – sans lien aucun avec mes fonctions de DRH. Les missions internes que j'ai assumées portaient autant sur la présidence d'entreprises dites de services – Sergeco, Elf Impex – sur la restructuration ou la remise en ordre de nouvelles filiales comme les laboratoires Roland Marie ou Elf Aquitaine International, ou encore sur la présidence d'entreprises de très grande taille, telle Peugeot Citroën Automobiles, la principale filiale du groupe PSA, avec 100 000 collaborateurs.

J'ai également assumé, pour mes groupes successifs, des responsabilités sur des grands projets d'avenir : le nouveau système de gestion de la production de Sanofi ; la fermeture de l'usine de Ryton pour PSA, dans toutes ses dimensions, du lobbying au transfert des matériels ; l'externalisation des services techniques et généraux et les transferts vers Veolia Environnement et Suez Lyonnaise des Eaux ; un projet immobilier avec transfert de 3 000 personnes de PSA de Paris au pôle tertiaire de Poissy ; le développement d'une nouvelle filière d'emploi dans le Béarn en prévision de l'extinction du gisement de gaz de Lacq, etc.

Cette liste ressemble bien à un inventaire à la Prévert, mais elle reflète la diversité et la richesse de la vie d'une entreprise et du métier de DRH ! Assumer ces missions internes m'a permis à chaque fois de connaître de nouvelles personnes et de découvrir des aspects utiles pour les fonctions sociales. Ce faisant, on positionne également la direction des ressources humaines comme une vraie direction générale, crédible auprès des autres directions et en prise avec le terrain et la réalité des faits. Cela permet de développer des capacités d'écoute et de dialogue sur des sujets importants pour la vie de tous dans l'entreprise, et de sentir également le climat social et l'ambiance d'une autre manière que par le truchement des organisations syndicales…

À l'extérieur de mes entreprises, j'ai accepté diverses missions, des interventions dans des forums ou des colloques, auprès de différentes associations ou fondations, pour faire part de mon expérience et de mes convictions. Aller ainsi à l'extérieur n'est certainement pas du temps volé à l'entreprise. On la représente, d'une part et, d'autre part, on rencontre d'autres acteurs, d'autres cultures, d'autres expériences dont on tire ensuite profit tous les jours, dans sa réalité quotidienne. On s'oxygène toujours lorsque l'on sort de sa routine, de son milieu et de son environnement ! En revanche, j'ai aussi refusé des missions, trop prenantes ou que je ne me sentais pas capable de mener à bien, ainsi que des rapports dont je pressentais qu'ils n'auraient d'autre utilité que de garnir les rayonnages de la Documentation française !

Il ne faut certainement pas avoir peur de ce type d'exercices qui représente toujours une ouverture. Ils permettent également de se créer son propre réseau. Ainsi, lorsque j'ai créé mes forums Emplois chez PSA Peugeot Citroën pour mener à bien des plans de départ de plus de 6 000 personnes, tous les confrères que j'avais rencontrés ont répondu présent. Mais il ne faut pas non plus en faire un métier, et je sais que certains ne considèrent ce genre d'événements que comme une opportunité de se faire remarquer par les chasseurs de têtes… À long terme, et je parle d'expérience, ce sont bien les politiques sociales menées en interne qui permettent de se faire remarquer de manière durable !

Travailler et s'ouvrir aux partenaires, sous-traitants, distributeurs, fournisseurs, experts, clients… c'est ni plus ni moins une vision de l'entreprise étendue, dans laquelle l'entreprise ne correspond plus à un périmètre défini par la possession des actifs, mais associe le maximum d'acteurs à l'élaboration de ses produits, de ses processus, et donc de son avenir.

Parmi mes « respirations », comme j'appelle ces missions ou ces engagements bénévoles connexes à ma vie professionnelle, quatre se sont révélés particulièrement profitables, sur les plans professionnel et personnel : le Grenelle de l'insertion, pour la connaissance de certaines réalités

que je méconnaissais ; l'AFPA, qui fut une expérience
profitable… jusque dans ses failles ; le Conseil orientation emploi, pour la richesse de ses échanges ; et enfin,
le sport, que j'ai toujours pratiqué et ardemment promu
dans l'entreprise.

LE GRENELLE DE L'INSERTION

En octobre-novembre 2007, Martin Hirsch, alors haut-
commissaire aux solidarités actives contre la pauvreté,
m'a proposé de coprésider, avec Annie Thomas, secrétaire
nationale de la CFDT, un groupe de travail portant sur la
mobilisation des employeurs privés, associatifs ou publics
pour favoriser l'emploi des personnes en difficulté. Pendant un an, un travail d'échanges et de dialogues entre des
représentants des employeurs et des salariés, des travailleurs et animateurs sociaux, des représentants d'associations d'insertion, mais aussi et surtout avec les personnes
directement concernées, a permis de dégager et de mettre
au point un corpus cohérent d'orientations.

J'ai été beaucoup plus marqué que ce à quoi je m'at-
tendais par les interventions des gens proches de l'exclusion, des animateurs et des travailleurs sociaux. J'ai pris
conscience que « la galère », ce n'est pas seulement être
issu d'un milieu simple. J'ai pris conscience des carences
des systèmes d'éducation, de formation et de politique de
l'emploi ; j'ai vu que l'égalité des chances était loin d'exister, et qu'il y avait une vraie misère en France. Lorsque
l'on est directeur des ressources humaines, on peut parler
de souffrance au travail, mais la plus grande souffrance,
c'est bien de ne pas avoir de travail ! J'ai notamment été
marqué par les interventions de personnes en grande

difficulté, rendues hostiles au mot même d'« insertion », devenu synonyme de ballottement entre différents sys- tèmes, tous bien intentionnés, tous conçus par de brillants technocrates, mais toujours soldés par des échecs. Toutes les personnes que j'ai entendues étaient réinsérables – puisqu'elles avaient accepté de venir témoigner – mais l'on commençait à sentir l'éloignement. C'est peut-être limité, mais je peux en témoigner : le travail demeure le premier instrument pour faire reculer l'exclusion et continue d'être un pilier pour la réalisation de soi, son absence restant synonyme de désocialisation.

Je regrette que l'on n'ait pas autant parlé du Grenelle de l'insertion que de celui de l'environnement. Le sujet, qui recoupe et dépasse le « simple » problème du chômage, qui concerne les jeunes de moins de 25 ans et les adultes éloignés de l'emploi, n'en est pas moins important. C'est de notre écosystème social qu'il s'agit. Ma déception reste vive, car malgré les propositions concrètes issues de ces travaux, malgré l'engagement total de Martin Hirsch, rien n'a vraiment changé depuis quatre ans. Les quelques mesures prises par les gouvernements successifs, annon- cées à grand renfort de communication en tout genre, ne sont pas à la mesure des enjeux. Un exemple de l'un de ces enjeux ? En France, ce sont 1,9 million des 15-29 ans qui ne sont ni en emploi ni en formation, d'après une enquête de la DARES en 2010. Près d'un million ont quasiment lâché prise : ils n'étudient pas et ne recherchent pas d'emploi. Imagine-t-on le degré de détresse et de sen- timent d'abandon que cela implique pour des jeunes gens en pleine force de l'âge ? Comment peut-on leur redon- ner confiance en leur propre avenir ?

L'AFPA, CHRONIQUE D'UN DÉSASTRE ANNONCÉ ?

L'Association de la formation professionnelle pour adultes, qui existe depuis 60 ans, est le leader incontesté en matière de formation des salariés privés d'emploi, ou en situation de restructurations/reconversions dans leur entreprise. L'AFPA propose des formations de longue durée, de 1 000 à 1 300 heures, et s'adresse à des personnes peu ou pas qualifiées. Ses principaux succès sont connus de tous, mais on ne sait peut-être pas assez l'essentiel, du moins à mes yeux : ses formateurs sont tous d'anciens professionnels, artisans, chefs d'équipes ou contremaîtres, qui réussissent régulièrement à « placer » le formé dans leur réseau, à la fin de la session. Plus de 60 % des stagiaires trouvent ainsi un emploi à l'issue de leur formation !

Jusqu'à ces dernières années, l'AFPA était sous la tutelle du ministère du Travail et recevait une subvention d'équilibre qui permettait d'égaliser les comptes, quels qu'ils soient. Ainsi, lorsque j'en ai pris la présidence, en 2008, l'association avait un budget de près d'un milliard d'euros, avec plus de 9 500 salariés, dans un maillage de 230 établissements sur le territoire.

J'ai accepté cette présidence sur l'insistance du ministre mais aussi, comme beaucoup de DRH et de dirigeants, car j'avais une image très positive de l'association. Je l'avais d'ailleurs utilisée pour former les ouvriers slovaques lorsque PSA construisait une unité à Tnarva. Lorsque j'ai accepté cette présidence, je n'avais pas conscience des bombes à retardement qu'elle impliquait, et dont on avait soigneusement évité de me parler : mise en concurrence systématique suite à l'avis de l'Autorité de la concurrence ; désengagement de l'État, avec une subvention passée, en quatre ans, de 700 millions à 100 millions d'euros ; transfert des conseillers d'orientation à Pôle Emploi ; patrimoine immobilier en sursis, etc. Malgré cela, je restais fidèle à un principe : lorsque l'on a accepté une mission, on se doit de la mener à bien. C'est ce que j'ai fait jusqu'en 2012, année de ma démission fracassante, et très médiatisée, qui avait pour but d'attirer l'attention des pouvoirs publics sur la profonde crise que vivait, et que vit, l'association.

Certes, elle peut apparaître sclérosée, empreinte de mauvaises habitudes issues de l'époque des subventions d'équilibre, réticente à la mise en place d'outils pédagogiques modernes… Mais au-delà de ces problèmes internes, c'est bien l'incapacité à s'adapter à un nouveau business model que j'ai voulu dénoncer. Soit que l'AFPA n'en ait pas eu les moyens, soit que l'on n'ait pas voulu les lui donner ! Lorsque l'AFPA a dû s'ouvrir à la concurrence, le chiffre d'affaires est tombé en trois ans de un milliard d'euros à 750 millions, avec une part de la subvention passée de 75 à 20 % : ni France Télécom ni La Poste n'ont eu à faire d'efforts aussi considérables en si peu de temps !

Dans les appels d'offres des régions, qui assurent le financement de la formation depuis la loi de 2004, d'autres entreprises plus souples, plus dynamiques, plus flexibles parviennent à se montrer plus attrayantes que ce vieux dinosaure qu'est encore l'AFPA. En outre, dans un contexte où l'information circule mal entre Pôle Emploi, les régions et les branches professionnelles, il est indéniable que ces « petits » acteurs bénéficient d'un avantage de taille par rapport au géant AFPA. Plus grave encore, Pôle Emploi, dépassé par l'enregistrement et la gestion du nombre de demandeurs d'emplois qui a considérablement augmenté, ne parvient plus à les aiguiller vers les formations qui se retrouvent de ce fait désertées, voire orphelines. Toutes causes confondues, l'AFPA perd sur tous les fronts : – 20 % de son marché, 120 000 chômeurs formés en 2009 et 92 000 en 2011…

Mon coup d'éclat visait également à alerter sur un certain nombre de pratiques et de dérives du management que je ne pouvais cautionner. À l'époque, le directeur général était nommé par la tutelle, et le président du conseil n'avait pas la possibilité de le destituer. Or, le directeur général avait d'indéniables qualités mais n'était pas un manager, ce qu'il fallait pour éviter le naufrage à l'association ! En outre, il s'était entouré de collaborateurs issus de cabinets et de la fonction publique, là où il aurait fallu des collaborateurs rompus aux lois de la concurrence et du marché, et fins connaisseurs des branches professionnelles et des entreprises.

Aujourd'hui, je ressens toujours un certain regret d'avoir quitté cette association qui me tenait à cœur, mais je n'éprouve aucun remords pour ce coup de gueule. Dans un avenir proche, l'État va devoir trancher : ou bien l'AFPA est découpée en 20 petites AFPA régionales, chacune passant sous la coupe de sa région territoriale, personnel et patrimoine compris ; ou bien l'État reprend en main l'association et la fusionne par exemple avec Pôle Emploi, ainsi que je l'avais recommandé à l'époque à Laurent Wauquiez. En tout cas, avec 50 à 80 millions d'euros de pertes annuelles malgré les efforts d'économies, l'AFPA ne pourra pas survivre longtemps sans changement de fond ! Cela étant dit, je souhaite que la mue réussisse car le personnel le mérite, et également pour l'avenir des demandeurs d'emploi qui bénéficient de formations exemplaires à l'AFPA. Aujourd'hui, on consacre 32 milliards d'euros par an à former des gens qualifiés, diplômés, et en poste. Il est temps que les partenaires sociaux, l'État et les régions prennent rapidement les mesures qui s'imposent pour qu'une part importante de ce montant soit consacrée à la formation des demandeurs d'emploi, et des salariés en passe de le devenir…

LE CONSEIL ORIENTATION EMPLOI

Le COE est une instance d'expertise et de concertation sur les différentes questions qui touchent directement ou indirectement l'emploi. J'en ai été nommé membre lors de sa création par décret, en 2005, au titre des personnalités qualifiées. J'ai eu le plaisir d'avoir Raymond Soubie comme premier président, avant qu'il ne devienne conseiller social de Nicolas Sarkozy. Il a été remplacé par mon amie Marie-Claire Carrère-Gée, ancienne conseillère sociale de Jacques Chirac.

Le COE a pour vocation de formuler un diagnostic sur la situation de l'emploi et d'établir un bilan sur le fonctionnement du marché de l'emploi et de ses perspectives. Dans ce cadre, nous sommes amenés à évaluer les dispositifs existants et à formuler des propositions. Le gouvernement saisit également le COE pour obtenir son avis sur des problèmes ponctuels. Depuis 2005, j'ai eu le plaisir de travailler sur des thèmes aussi variés que la sécurisation et la dynamisation des parcours professionnels, l'orientation, les emplois vacants, l'emploi dans les TPE, l'illettrisme… Nous avons également eu à donner des avis – renseignés –, à la demande du gouvernement, sur l'efficacité des exonérations de charges et sur l'étiage du SMIC.

Tant pendant les réunions qu'au cours des séances plénières, je prends toujours un vif plaisir à échanger avec mes collègues représentant les employeurs, les salariés (bien souvent ex-patrons de syndicats tel Alain Olive, ou futur patron tel Thierry Lepaon, pour ne citer qu'eux), les parlementaires, les représentants des collectivités locales, des administrations, et les personnalités qualifiées.

Au-delà des thèmes, intéressants en eux-mêmes, c'est la qualité des échanges et des participants qui me plaît, plus que les auditions d'experts, parfois trop longues et professorales. Quelles que soient les convictions et les sensibilités des interlocuteurs – et elles peuvent être diamétralement opposées –, les échanges sont toujours nourris, courtois et respectueux. Je ne peux que rendre hommage à cette conception du dialogue social à la française. Au reste, je ne trahis d'ailleurs pas de grands secrets en mentionnant ici le fait que de nombreux dossiers, sans lien avec l'ordre du jour du COE, ont trouvé une issue aux abords des plénières et des réunions tenues sous son égide !

LE SPORT : UN ESPRIT SAIN DANS UN CORPS SOCIAL SAIN

Toute ma vie, j'ai pratiqué le sport : football, rugby, cyclisme, marathon, aviron, golf, tennis, puis musculation et boxe. J'ai toujours pratiqué à un niveau moyen, et si j'ai pu parfois regretter de ne pas avoir atteint le haut niveau, je sais gré à mon père de m'avoir en permanence ramené à la raison : « les études avant tout ! ».

Le sport a été pour moi une véritable respiration tout au long de ma carrière : il me permettait de me relaxer, d'évacuer stress et tension, de maintenir un bon équilibre physique et psychologique. J'ai toujours eu besoin de bouger, de remuer, et je suis intimement convaincu que ma résistance et mon énergie, reconnues, voire

redoutées, pendant les négociations, découlaient directement de ma pratique régulière du sport. En outre, c'est
désormais presque un poncif, mais le sport reste l'une
des meilleures écoles de la vie. Il favorise le respect de
l'adversaire, la maîtrise de son égo au service de l'équipe.
Il engendre une grande solidarité, créant ce fameux lien
social (aujourd'hui si distendu, selon certains), et accrois-
sant les connexions et les réseaux entre hommes et catégories sociales. Par ailleurs, derrière ce tableau idyllique, je
ne suis pas dupe non plus, et certains des comportements
induits par le sport ne sont pas reluisants. Ils sont les reflets
des travers de nos sociétés, que je récuse à tous les niveaux
et dans tous les domaines, sport ou non : individualisme,
nationalisme, dopage, argent-roi…

Au-delà de ma pratique individuelle, j'ai toujours développé et soutenu des activités sportives, de compétition
ou de loisirs, dans les différentes entreprises où j'ai exercé,
que ce soit au siège ou dans les directions régionales.
J'ai mené ces opérations parce que je crois qu'il y a de
vrais parallèles à établir, ou à instaurer, entre les valeurs
du sport et celles qui régissent une entreprise en bonne
santé, au climat social épanouissant pour les hommes…
et générateur de performances ! La solidarité, l'ambition,
la volonté, le respect, les efforts et le dépassement de soi
restent des valeurs positives lorsqu'elles agissent dans un
cadre et au service d'une équipe, puis d'un collectif plus
large.

Je dois reconnaître ici que j'ai souvent « réorienté » des
budgets initialement affectés à des opérations de communication ou de formation pour améliorer l'équipement
de la salle de sport ou pour acheter jeux de maillots ou
ballons. Mais les sommes restaient raisonnables, et je reste

convaincu que les retombées pour l'entreprise étaient bien plus bénéfiques !

Au-delà de ces activités et de ces investissements, qui restaient du domaine du loisir, je me suis également beaucoup penché sur les questions de santé au travail liées à l'alimentation et à l'activité physique. Par exemple, les opérations Santal et Santal + – que j'ai initiées chez PSA, après avoir été alerté d'un début d'épidémie d'obésité par un médecin du travail de Rennes, le docteur Gilbert –, ont sensibilisé l'ensemble des équipes de tous les sites de PSA ainsi que leurs familles, par capillarité, aux bienfaits d'une alimentation équilibrée et d'une demi-heure d'exercice par jour. En effet, il était temps d'agir et de rappeler les fondamentaux, sous peine de voir se développer de graves problèmes de santé – et donc de productivité et de qualité – liés au surpoids du personnel dans les usines du groupe.

Ces actions, ainsi que beaucoup d'autres en faveur du sport, m'ont valu la médaille de la jeunesse et sport remise par mon ami Denis Masseglia, président du Comité national olympique et sportif français (CNOSF), par Philippe Lamblin, ex président de la Fédération française d'athlétisme, au demeurant également DRH, et par David Douillet. J'en suis très fier.

Chapitre 13

Des mots sur les maux… d'aujourd'hui et de toujours

Courtisans et tartuffes : sous la monarchie ou dans un conseil d'administration, il n'y a pas grand-chose de nouveau sous le soleil

Je souhaite pousser ici quelques coups de gueule sur certaines pratiques qui m'ont toujours hérissé le poil ! Il peut s'agir de pratiques d'aujourd'hui, comme inonder son entourage de mails – évidemment – urgents, ou de pratiques éternelles, comme la flagornerie de certains ou les intrigues de cantine. Je ne prétends bien sûr pas avoir toujours fait preuve d'un comportement irréprochable, je n'ai pas non plus d'auréole autour de la tête ! J'ai bien dû, moi aussi, me laisser aller à quelques flatteries envers mes chefs ou face à un ministre ; j'ai bien dû arroser la terre entière de mails, surtout lorsque j'étais en colère (ce qui est bien l'exutoire le plus contreproductif qui soit, en matière de management) ; j'ai même dû être beaucoup plus complaisant vis-à-vis de mes retards que par rapport à ceux des autres, dans la conduite de certains projets…

En revanche, je le jure devant Dieu, et je vous le dis droit dans les yeux : je n'ai jamais, au grand jamais, commis de PowerPoint de 25 slides !

Au-delà de la boutade, ces « mots sur les maux » n'ont pas pour seul but de me soulager. J'ai la ferme conviction que les pratiques que je dénonce nuisent non seulement à la cohésion sociale, mais également à l'efficacité de l'entreprise. S'y attaquer, les dénoncer permettra peut-être de modifier certains comportements, et d'améliorer l'efficacité de l'entreprise. En d'autres termes : n'ayez pas peur quand l'un de vos collègues vient vous parler dans votre bureau, et ne lui faites pas nécessairement un compte rendu par mail, avec six personnes en copie, de votre discussion !

LES CABINETS CONSEILS : « DONNE-MOI TA MONTRE, JE TE REVENDRAI L'HEURE ! »

L'utilisation tous azimuts de cabinets conseils, dans tous les domaines, des ressources humaines jusqu'à la stratégie, en passant par le marketing, la finance, le développement durable ou la communication, est désormais généralisée dans la plupart des grandes entreprises.

À l'origine, je conçois très bien que l'on puisse recourir à un cabinet spécialisé, lorsque l'on procède à des opérations ou à des manœuvres que les équipes internes ne connaissent pas : fusions-acquisitions, expansion internationale, stratégie et plan à cinq ans… Dans ces cas-là, le recours à un grand cabinet est tout à fait justifié. En effet, le changement et la transformation doivent souvent être initiés et conduits par des agents du changement, rompus à ces situations, fins négociateurs, connaissant les différentes obligations légales et juridiques, et par définition dégagés des contraintes de l'opérationnel auxquelles sont soumises les équipes.

Mais les effets pernicieux du recours aux consultants se font vite jour. Ceux-ci, bien souvent, légitiment les idées de la direction et les enrobent dans de belles présentations, revendant donc à l'entreprise ce qu'elle sait déjà, comme l'illustre l'adage bien connu : « Donne-moi ta montre, je te revendrai l'heure ! ».

Pour certaines directions, trop faibles pour assumer leurs responsabilités, ou dénuées d'idées et de créativité, le recours à ces cabinets est systématique, et bien pratique. Même si ces cabinets coûtent très cher – surtout lorsqu'ils portent un nom à consonance anglo-saxonne – et qu'ils ont également tendance à appliquer leurs vues, leurs principes et leurs matrices dans toutes les sociétés et les organisations qu'ils conseillent. De ce fait, ils génèrent de l'homogénéité entre tous les acteurs et ne permettent aucun avantage concurrentiel, et encore moins d'innovations ! Une fois que les trois grands cabinets de la place ont conseillé aux quatre grands opérateurs d'un secteur de délocaliser dans des pays à moindres coûts, la concurrence rejoue exactement comme avant, avec de l'emploi détruit à la clé. Et si le modèle préconisé ne fonctionne pas, on réalise vite que « les conseilleurs ne sont pas les payeurs »… mais ils ont été payés, et plutôt grassement, au regard de leurs coûts fixes (de jeunes diplômés, ainsi que des PC équipés d'Excel et de PowerPoint) !

Tous les compartiments de la vie de l'entreprise doivent-ils être conseillés ? Ne peut-on pas faire confiance aux collaborateurs, leur confier des responsabilités autres que « faire faire » et « piloter l'agence » ? Pour établir un rapport social, ne peut-on pas prendre des idées sur Internet puis parvenir à faire soi-même, avec l'aide d'un graphiste ? Un rapport social ne pourrait-il pas être l'œuvre d'un collaborateur des RH dédié ? De même, a-t-on besoin d'un cabinet extérieur pour réorganiser une DRH ? Ne peut-on pas (se) faire confiance ? D'autant plus que ces projets sont moteurs dans la vie d'une équipe et permettent de « donner du sens » sans que l'on ait recours à des prestataires externes dédiés à cette dernière tâche !

LE POWERPOINT : « SI TU N'AS PAS D'IDÉES, FAIS UN BON POWERPOINT. »

Plus de 150 slides projetées, des graphiques touffus et illisibles, des pages noircies de textes, des rappels inutiles… Le tout dans une salle de réunion plongée dans le noir, calfeutrée et trop chaude. Les conditions sont alors réunies pour faire un petit somme, pour peu que le présentateur ait un ton un peu monocorde et lise consciencieusement ce que tout le monde voit à l'écran. De toute manière, comme la présentation a été, ou va être, envoyée par mail, nombreux sont ceux qui succombent !

PowerPoint est un bon logiciel, qui simplifie la vie par rapport aux transparents et aux anciens rétroprojecteurs, mais il doit être utilisé intelligemment, comme support à une présentation orale : il ne doit pas remplacer le présentateur, et ce n'est pas un prompteur ! Son utilisation ne doit pas amener d'appauvrissement du discours, de la réflexion et des échanges, engendrant une passivité grandissante des auditoires, voire des speakers. Comme me le disait un collègue, « si tu n'as pas d'idées, fais un bon

PowerPoint » : pour beaucoup, la forme et la technicité des slides importent plus que le contenu.

Revenons donc à la note étoffée, précédée d'une synthèse en deux pages qui indique les décisions à prendre : arrêtons le cinéma et revenons au fond. Le PowerPoint, plus court, sera à sa place : en annexe.

UNE INONDATION QUOTIDIENNE : LES MAILS

J'ai reçu jusqu'à 230 mails par jour, et ce n'était pas au moment des vœux ! Il s'agissait de journées « normales », comme nombre de lecteurs doivent connaître, au temps morcelé et phagocyté par la désormais sacro-sainte messagerie. Nul besoin de chercher bien loin l'une des principales causes du stress en entreprise lorsque l'on sait qu'il faut parfois passer une journée, à son retour de congés, pour traiter les 1 000 mails et plus que l'on a reçus ! Si la messagerie est chronophage lorsque l'on est à son poste de travail, que dire de ces réunions où 80 % des participants consultent leur boîte mail, lisent et répondent à leur courrier ? Ce qui aurait été d'une goujaterie sans nom il y a seulement 10 ans est aujourd'hui totalement accepté dans la vie moderne de l'entreprise ! Que dire de ces mails envoyés à un collègue dont le bureau est situé à quelques mètres du sien ? De ces mails fleuves ? Des listes de destinataires de plus de 50 personnes ? Des mails utilisés par certains pour surtout ne pas prendre de décisions par eux-mêmes ? Des mails employés pour se couvrir, en informant la terre entière qu'une décision était en train de se prendre, et en s'en défaussant par là-même ? De ces mails envoyés aux dirigeants pour exister ? Etc.

On trouve désormais beaucoup de conseils pratiques pour lutter contre ces inondations de données, ces flux incontrôlés de messages, tous plus ou moins efficaces. Quant à moi, j'en ai appliqué un avec succès : supprimer tous les mails destinés à plus de 15 destinataires. Vu le nombre de destinataires, je ne suis pas concerné, et s'il y a quelque chose d'important dans le mail, je le saurai bien assez tôt !

LA SYNDICALOPHOBIE PRIMAIRE

Tout au long de ma carrière, et encore maintenant, j'ai entendu tous les discours pour stigmatiser les organisations syndicales de salariés, les présentant comme des empêcheurs d'avancer, des agents de Moscou (moins maintenant !), des rétrogrades, etc. « Si on n'avait pas les syndicats, on se porterait mieux ! », « c'est la faute aux syndicats » : je ne m'appesantirai pas sur les citations ni sur ceux qui veulent encore « casser du syndicaliste » au début du XXIe siècle. Plus perfides sont ceux qui soupirent en disant : « Il faut faire avec [les syndicats] ! ». Et enfin, gare aux mouvements de grève ou aux manifestations dans le service public : on entend littéralement de tout ces jours-là !

Le DRH que je suis ne va pas faire ici l'apologie des syndicats, qui n'ont pas besoin de moi pour se défendre. En revanche, je suis bien conscient qu'ils jouent un rôle essentiel dans la défense des salariés ; il suffit de comparer les conditions de travail et les statuts dans les entreprises avec ou sans organisation syndicale : horaires élastiques, heures supplémentaires non payées, cas de harcèlement, pas de mutuelle, pas d'avantages sociaux, ruptures de contrat et délocalisations sans préavis…

Au-delà de leur rôle essentiel dans le dialogue social – comment dialoguerait-on sans interlocuteurs identifiés et représentatifs ? – les organisations syndicales jouent également un rôle de vigie sur les malaises profonds de l'organisation et font remonter l'information. Elles sont un rouage essentiel sur le terrain et, une fois que l'on a compris le jeu dans lequel s'inscrit la relation DRH/syndicats, on parvient à manœuvrer avec elles et à comprendre les bienfaits de leur existence. Certes, elles peuvent toujours évoluer, certaines sont un peu « dinosauresques » à certains égards, mais elles sont absolument vitales. Et leur perte – relative – de représentativité est bien plus inquiétante que leur existence !

AVANTAGES ET LIMITES DU TRAVAIL EN MODE PROJET

J'ai découvert le management en « mode projet » au début des années 1980, dans l'industrie pétrolière, lors de la mise en œuvre de plates-formes offshore. Ensuite, ce type d'organisation s'est également généralisé dans l'industrie automobile, pour tout nouveau projet de véhicule. Puis, peu à peu, dans un contexte de compétitivité généralisée et de hausse de la performance, le mode projet s'est développé dans les entreprises à fortes innovations, pour finir par s'imposer dans toutes les activités et tous les secteurs.

Le principe du mode projet est simple et clair : il s'agit de faire travailler ensemble des acteurs de différents métiers, avec des fonctions différentes, sur des problèmes communs. Dans l'automobile, chez PSA Peugeot Citroën comme chez les autres constructeurs, les acteurs quittent physiquement leur structure d'origine pour rejoindre la cellule projet, généralement un open space, afin de favo-

riser la circulation de l'information et les contacts infor-
mels, au fil de la journée.

Les avantages de ce type de fonctionnement sont indéniables ; le management du projet, c'est le management
du changement permanent, toujours préférable à la routine : décloisonnement des métiers et des fonctions grâce
à la transversalité, motivation des acteurs, renforcement
de l'appartenance, de la solidarité et de l'esprit d'équipe,
enrichissement technique et intellectuel par l'apprentissage collectif, sans oublier une maîtrise facilitée des délais
et des coûts grâce à un suivi en direct. J'ai moi-même
initié ce mode de management et d'organisation pour
piloter différents projets : fermeture d'usine et transferts
de production, externalisation des services techniques et
généraux avec la création d'une entreprise commune avec
Veolia, construction du pôle tertiaire de PSA, etc.

Mais je condamne le recours systématique de certains
managers au mode projet sur des sujets… qui ne sont pas
des projets ! On m'a rapporté cette phrase d'un DRH, restée dans mon bêtisier personnel, qui avait dit à ses collaborateurs : « Je veux que vous travailliez en mode projet,
donnez-moi des idées de thèmes ! ». Cela ne peut fonctionner ainsi : le mode projet n'a de sens que si l'activité
n'est pas destinée à être répétée. Il doit être inédit et unique.
Sinon, pour les tâches récurrentes, ce sont les processus qui
régissent la production qui peuvent être améliorés. Mais il
ne s'agit pas simplement de dire que l'on passe en mode
projet : c'est une première confusion, souvent constatée,
mais il y en a d'autres ! Ainsi, on ne peut conserver une
structure pyramidale lorsque l'on manage en mode projet : cela n'a aucun sens et génère lourdeurs, confusions et
stress. De même, le mode projet n'a aucun sens si l'on n'y

assigne pas des objectifs de coûts, de délais et de qualités. En conclusion, je n'aurai qu'un conseil : évitons de généraliser ! Ne remplaçons pas le management du quotidien par un pseudo-management en mode projet, qui a également ses défauts, et peut générer un sentiment d'urgence et de précarité chez les collaborateurs. Bien souvent, ce mode projet est aussi un paravent fort commode pour diluer les responsabilités et éviter au dirigeant ou au manager de s'engager.

LES COURTISANS MODERNES

Il n'y a plus de roi en France depuis plus de deux siècles, mais on trouve encore beaucoup de courtisans dans les allées du pouvoir, quel qu'il soit. Comme dans les fables de La Fontaine, nombreux sont ceux qui cherchent à plaire aux puissants, aux influents, à grand renforts de flatteries et d'obséquiosité : à savoir, les flagorneurs, les louangeurs, les flatteurs, les intrigants, les comploteurs, les encenseurs, les amadoueurs, les fayots ou, tout simplement, les lèche-bottes (vulgairement appelés lèche-c…). On les trouve toujours à proximité du patron, ou dans son sillage, calquant leurs horaires sur les siens pour le croiser « à l'improviste » le plus souvent possible, dans le hall, dans l'ascenseur, à l'arrivée ou au départ. Ils sont toujours pleins de délicates attentions pour l'assistante de direction, portent le verre du chef lors des pots et cocktails… Ils n'ont pas d'avis personnel, épousent les idées du chef, savent à merveille courber l'échine et avaler en silence humiliations et vexations. Ils émaillent la conversation de mille compliments inutiles – « Heureusement que vous êtes là, président », « Vous êtes brillant, je suis à 100 % d'accord avec vous » – et ne sont loyaux qu'à leur chef du moment. Lorsque, d'aventure, le chef change, comme les

mouches, ils changent d'âne… Ainsi que le disait Montesquieu, « un courtisan est semblable à ces plantes faites
pour ramper, qui s'attachent à tout ce qu'elles trouvent ».

Mais ne soyons pas dupes, s'il y a autant de courtisans,
c'est aussi parce que certains aiment être courtisés ! Nombreux sont les femmes et les hommes de pouvoir qui
apprécient et recherchent flatteries et louanges. Ceux-là
préfèrent s'entourer de personnes dépourvues de colonne
vertébrale et de convictions plutôt que de collaborateurs
à fort caractère, capables de les contredire lorsque cela
s'avère nécessaire. Pourtant, c'est bien avec ces derniers
qu'il devient possible de progresser, de connaître la performance et l'excellence ! S'entourer de meilleurs que
soi, c'est le meilleur moyen d'être exigeant, à leur égard,
mais aussi envers soi-même.

Et surtout, il ne faut pas confondre les courtisans avec la
meute, ceux qui chassent avec le chef et constituent sa
garde rapprochée. La meute est dans l'action, elle impose
un rythme élevé, parfois « marche ou crève »… Au
demeurant, il s'agit d'un collectif organique, qui bouge,
se recrée en permanence, parfois rejetant les éléments qui
font obstacle, ou ralentissent le rythme. Mais la meute
permet à ses membres de se transcender : c'est ma vision
des choses, et cela a été ma manière de travailler… un
peu romantique, et très peu politiquement correcte, mais
tellement efficace et génératrice d'adrénaline !

« COMITOLOGIE » ET « RÉUNIONITE »

Dans l'entreprise, comme au niveau de l'État (la France
compte 668 commissions ministérielles), la première
réponse à une difficulté ou à un problème, même mineur,

réside dans la constitution d'une commission ou d'un comité, familièrement appelé « comité Théodule » depuis le Général de Gaulle qui trouva l'expression lors d'un voyage à Orange. Comme son nom l'évoque, c'est la réunion d'un petit groupe de personnes qui n'a que peu ou pas d'utilité, hormis celle d'enterrer plus rapidement un problème, tout en diluant les responsabilités et en multipliant les manœuvres dilatoires.

Dans les entreprises d'aujourd'hui, les comités s'enchevêtrent : comités projet, comités de pilotage, comités de suivi, tous supervisés par des comités de direction et coordonnés par des… comités de coordination. Les travaux sont ensuite présentés, bien évidemment, au comité de direction générale.

La prolifération de ces comités entraîne un mal tout aussi connu, et identifiable : la réunionite, avec une recrudescence de rencontres, et même des réunions destinées à préparer les réunions de comité ou, depuis peu, à les débriefer.

Ces comités et ces réunions se régénèrent et se reproduisent à l'identique, comme des queues de lézard. On les supprime, de loin en loin, afin de faire place nette et de laisser les collaborateurs exercer leur vrai métier, et ils renaissent, quasiment sous la même forme, à savoir : deux ou trois collaborateurs effectuent le travail demandé et les autres « rebouclent », commentent, paraphrasent, dissertent, supervisent, tirent la couverture à eux, ou contrent de telles tentatives de la part de leurs collègues et néanmoins rivaux. Que de temps et d'énergie gaspillés pour permettre aux uns de s'abriter, aux autres de s'exposer, sans rien faire avancer à la conduite des affaires, et surtout sans rien décider ! Mais cette comédie en plusieurs actes se rejoue en permanence, dans toutes les entreprises, dans tous les secteurs, et sous toutes les latitudes…

« Moi je sais/je sais (tout) »

La tribu des « Moijesais », sortes de Pangloss ou de Pic de la Mirandole modernes, constitue également une espèce dont je me méfie comme de la peste ! Ils ont tout fait, tout connu, tout lu, tout su, mais se révèlent souvent incompétents une fois mis au pied du mur. Souvent dépourvus d'idées personnelles et de convictions, ils sont très consommateurs de cabinets conseils et ont également une fâcheuse tendance à s'approprier le travail de leurs collègues. Ils font illusion peu de temps, se bernent souvent eux-mêmes, tout en fatiguant leur entourage. On les rencontre en entreprise, bien sûr, mais également dans les différents cénacles syndicaux, associatifs et patronaux, où ils ont un avis sur toute la vie de l'entreprise, sans y avoir jamais mis les pieds… C'est un travers qui peut apparaître dès le plus jeune âge : le profil le plus courant est le jeune consultant, frais émoulu d'une grande école et membre d'un cabinet anglo-saxon. Il est à peine sec derrière les oreilles mais peut déjà vous expliquer tout l'historique du secteur des 20 dernières années… que vous avez vécues ! Généralement, je suis peu indulgent, et il m'est arrivé de m'en « payer » quelques-uns en public : ce n'était pas le mieux à faire, mais ça soulage !

J'arrêterai ici sur les coups de gueule. J'aurais pu m'attaquer à ceux qui critiquent la France en permanence, qui cherchent à se dérober à leurs devoirs – et en tirent fierté –, ou qui n'ont aucun sens de l'intérêt général, à ceux qui, dans les dîners en ville, « tapent » sans relâche sur l'entreprise qui les emploie et les fait vivre, directement ou indirectement. Ils prennent souvent la forme d'ersatz de coaches qui éclosent aujourd'hui dans les organisations patronales, aux côtés des permanents de ces cénacles : sans avoir jamais mis les pieds dans une entreprise, ils ont toutes les réponses, et toutes les solutions. Mais cela pourrait faire l'objet d'un prochain livre !

En guise de conclusion

Ma lettre à un jeune DRH

Cher confrère,

Si tu arrives jusqu'ici, c'est que tu as trouvé un intérêt à ce livre, et que j'ai su transmettre un peu de la passion que j'ai eue pour mon métier, pendant les quarante années où je l'ai exercé. Faut-il une tournure d'esprit spéciale pour faire un bon DRH ? Faut-il du talent, de la vertu ou du vice ? Au-delà des préjugés — positifs ou négatifs — qui sommes-nous et que sommes-nous ? Nous sommes des dirigeants, des managers, en charge du bien le plus précieux, mais aussi le plus complexe de l'entreprise : les hommes et les femmes qui la font. Un domaine en perpétuel renouvelle-ment, qui ne se plie à aucune règle, à aucun théorème, mais dans lequel on progresse toute sa vie…

Je sais bien que les conseilleurs ne sont pas les payeurs et que l'expérience reste le meilleur apprentissage. Voici tout de même quelques enseignements que j'ai tirés de mon parcours, que je te livre ici. Lis-les, oublie-les, et puis garde-les dans un coin de ta mémoire : ils ne te seront pas utiles au jour le jour, mais ils te permettront — peut-être — de garder le nord sur le long terme.

Tout d'abord, le métier de directeur des ressources humaines est un métier de direction générale de plein droit et de plein exercice. Cela signifie que tu dois être rattaché à la direction générale, et non pas à la DAF ou au secrétariat général. Il en va de la crédi-bilité de la RH dans l'entreprise.

Tu as le droit et le devoir de t'investir à 100 % dans ta fonc-tion. Cela ne signifie pas que tu doives connaître tous les ragots de l'entreprise, mais bien que tu t'engages, psychologiquement, intellectuellement et humainement à amener les hommes et les femmes de l'entreprise à donner le meilleur d'eux-mêmes. Atten-tion, ensuite, à préserver ta vie privée : c'est mon plus grand regret que de ne pas avoir consacré assez de temps à ma famille et à mes filles. Mais cela, on ne s'en rend compte qu'une fois qu'il est trop tard…

Notre métier est un métier de convictions : sans conviction, tu ne seras pas respecté. Sur l'homme, le travail, et les relations entre l'homme et le travail, tu dois te faire ta propre opinion et ta propre religion. Ne deviens pas cynique et remets-toi en question régulièrement, ne serait-ce que pour éviter que d'autres ne le fassent à ta place. N'oublie pas, non plus : ne donne pas systéma-tiquement raison à l'encadrement contre la base ou les syndicats. Ils ont aussi des analyses pertinentes et défendent parfois mieux leurs outils de travail !

Tu connaîtras des échecs, mais aussi des succès : n'oublie pas que les uns et les autres sont éphémères. Et n'oublie pas que le chemin est aussi important que le but, dans l'entreprise comme ailleurs.

L'environnement de l'entreprise impose des codes : il faut savoir les intégrer, puis passer au-delà. Ne cherche pas à rentrer dans le moule ni à te cacher derrière les codes et les outils : sers-t-en et dépasse-les pour être toi-même dans cet univers. La cravate n'est qu'une convenance, elle ne remplace pas ta personnalité.

Dans les métiers des ressources humaines, tu devras te confron-ter aux syndicats, quasiment à chaque ouverture de négociation (cela est aussi vrai de tes relations avec tes pairs, tes confrères et ta direction). Tu es l'homme du dialogue, mais pas uniquement le porte-voix de la direction. Lorsque tu as des convictions, et qu'une décision managériale heurte les syndicats, tu dois savoir les faire entendre, et négocier.

Méfie-toi des courtisans, mais aussi de ceux qui te ressemblent trop. Si tu veux avancer, brasse les origines et les personnalités afin de faire émerger des idées et des consensus novateurs. Le clonage est l'ennemi de la performance.

Il n'y a pas de vérité en ressources humaines ; aucun ouvrage ne résume ni ne rassemble tout ce qu'il faut savoir. Aujourd'hui, l'entreprise doit continuer à se développer dans le sens de la diversité grandissante : tout le monde doit pouvoir s'y réaliser et jouer à armes égales. Cela implique peut-être de redéfinir le vivre-ensemble et ses règles, énoncées et tacites.

Élargis ta fonction dès que tu le peux, et attaque-toi à tous les domaines qui font sens : dès qu'il y a des femmes et des hommes dans un compartiment de l'entreprise, tu es habilité à examiner leur organisation et voir comment ils pourraient travailler mieux. Mais n'oublie jamais que performance sociale et performance économique ont partie liée : il ne s'agit pas non plus que tu deviennes un empêcheur de manager en rond.

Si tu veux te donner toutes les chances de progresser vite, parle anglais et mandarin. La concurrence se durcit, le marché est désormais mondial. C'est une menace, mais c'est également une opportunité : saisis-la !

Et puis anticipe ! Ais toujours un coup d'avance ! N'hésite pas à échanger sur la stratégie avec les syndicats, à mettre en place une véritable redistribution des profits, à initier des plans de formation pluriannuels, à négocier la RSE… Bref, à innover avant les autres !

Les temps à venir ne vont pas être roses, les conditions vont se durcir. Ne compte pas sur la chance, ni sur les autres. Mais n'oublie pas non plus que l'on peut, et que l'on doit, également prendre du plaisir en travaillant. « La vie est trop courte pour travailler triste », disait Jacques Séguéla, il ne faut effectivement pas perdre de vue que l'on passe un tiers de sa journée au travail, au minimum : il est vital de s'y préserver des moments de convivialité et de vie en société.